W9-ALL-929

DEDICAMOS ESTE LIBRO A LOS MIEMBROS
DE LA IGLESIA JUVENIL DE SAN PABLO, TOLUCA,
MÉXICO, QUIENES INSPIRARON Y EXPERIMENTARON
POR PRIMERA VEZ LO QUE AQUÍ SE PLASMA.

TAMBIÉN QUEREMOS AGRADECER A QUIENES
NOS GUIARON EN EL CAMINO DE SER Y HACER
LO QUE DIOS SUEÑA PARA NOSOTROS: SISTER
EUSTACIA, KNOX CHAMBLIN, C.S. LEWIS Y, POR ENCIMA
DE TODO, A NUESTROS PADRES BETHEL & PAUL
BAUMANN Y ROGER & JOY GULICK.

ESTE LIBRO NO HUBIERA SIDO POSIBLE SIN LA AYUDA
DE DORA LUZ FLORES Y VERÓNICA DOMÍNGUEZ GARCÍA,
QUIENES TIENEN NUESTRA GRATITUD
POR SU COLABORACIÓN Y AMISTAD.

INDEX

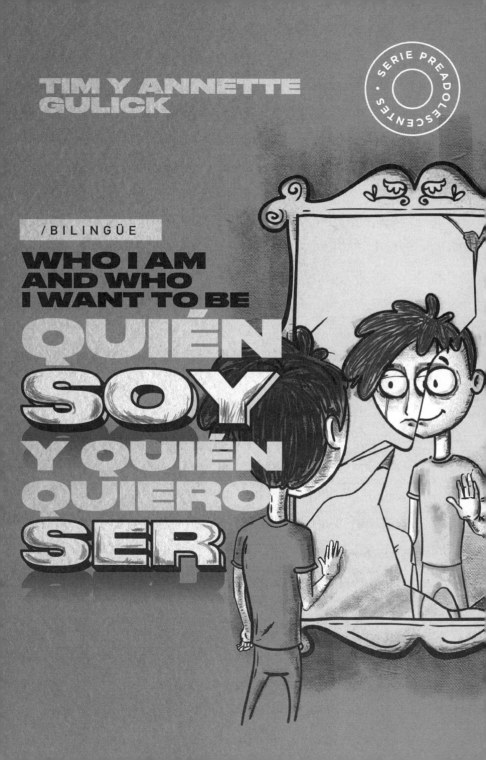

e625 - 2022
Dallas, Texas
e625 ©2022 por Tim y Annette Gulick

Todas las citas bíblicas son de la Nueva Biblia Viva (NBV)
a menos que se indique lo contrario.

Editado por: **María Gallardo**
Traducido al inglés por: **Peter Cerra**
Diseño interior y portada: **Bárbara Soriano**
Ilustración: **@edimundobp**

ISBN 978-1-946707-62-8

IMPRESO EN ESTADOS UNIDOS

CONTENIDO

PART 1: DISCOVERING YOURSELF

You may have heard about, or seen an illustration or movie about, The Grinch. He is a fictional character created by Theodor Seuss Geisel (who published his books under the pseudonym—an invented avatar—of "Dr. Seuss"). Theodor was a tremendously curious man with a wild imagination. He still has many admirers in the world for his stories and for his philosophy of life which he summed up by saying: "I am weird, you are weird. Everyone in this world is weird." We, the authors, agree with this, because we are also people who are different from others, and we don't want to look like anyone else. That's what this book is all about!

You are not and should not want to be someone else. You were born with a unique body and personality, and you have a story that no one else has. You are you, and that's wonderful! The worst thing you can do is reject yourself. Why? Because God loves you, and He made you male or female, and you were born on a certain date and in a certain country, and even if you get a piece of paper that says otherwise, you will always be that person! So, it's up to you to discover who you are and express it. Or, in other words, be who God made you to be.

PARTE 1: DESCUBRIÉN- DOTE

Quizás hayas escuchado hablar, o hayas visto alguna ilustración o película, acerca de El Grinch. Se trata de un personaje de ficción creado por Theodor Seuss Geisel (quien publicaba sus libros bajo el seudónimo –un avatar inventado– de "Dr. Seuss"). Theodor fue un hombre tremendamente curioso y con una imaginación muy salvaje. Todavía tiene muchos admiradores en el mundo por sus cuentos y por su filosofía de vida que más o menos resumió diciendo: *"Yo soy raro, tú eres raro, y todos en este mundo somos raros. Así que solo tenemos que descubrirlo y expresarlo"*. Nosotros, los autores, estamos de acuerdo con esto, porque también somos personas distintas a las demás y no queremos parecernos a nadie. ¡De eso se trata este libro!

Tú no eres ni debes querer ser alguien más. Tú naciste con un cuerpo y una personalidad únicos y tienes una historia que nadie más tiene. Tú eres tú, ¡y eso es maravilloso! Lo peor que puedes hacer es rechazarte. ¿Por qué? Porque Dios te ama, y te hizo hombre o mujer, y naciste en determinada fecha y en determinado país, y aunque consiguieras un papel que dijera otra cosa, ¡siempre serás esa persona! Por eso, lo que a ti te toca es descubrir quién eres y expresarlo. O, en otras palabras, ser quien Dios quiso que fueras.

IT ALL STARTED WITH A DREAM

It all started with a dream. Yes, before you were born. And no, we don't mean your parents' wish. Look at this verse from the Bible:

"I knew you before I formed you in your mother's womb. Before you were born I set you apart...." (Jeremiah 1:5)

And do you know who knows you better than anyone else in the whole universe? Well, look at this other statement in the Bible:

"Now we see things imperfectly, like puzzling reflections in a mirror, but then we will see everything with perfect clarity. All that I know now is partial and incomplete, but then I will know everything completely, just as God now knows me completely." (1 Corinthians 13:12)

Your life has a reason, a meaning, a value... and we want to help you discover it because you are God's dream! It is not by chance that you are reading

TODO COMENZÓ CON UN SUEÑO

Fue con un sueño que todo empezó. Sí, antes de que nacieras. Y no, no nos referimos al deseo de tus padres. Mira este texto de la Biblia:

"Yo había determinado tu futuro desde que te estabas formando en el vientre de tu madre; antes que nacieras te escogí...". (Jeremías 1:5)

¿Y sabes quién es la persona que te conoce más que nadie en todo el universo? Pues mira esta otra afirmación en la Biblia:

"...nuestros conocimientos son ahora muy limitados, como si estuviéramos viendo una figura en un espejo defectuoso; pero un día veremos las cosas como son, cara a cara. Mis conocimientos son ahora imperfectos, pero en aquel día podré conocer tal y como él me conoce a mí". (1 Corintios 13:12)

Tu vida tiene una razón, un significado, un valor... y queremos ayudarte a descubrirlo porque ¡eres un sueño de Dios! Y no

these words at this very moment. This is your time to discover yourself. God also wants you to discover His plans for you here on earth and for eternity, for there is no better way to discover yourself than to discover God. Why? Because He dreamed you.

Remember this: Before you were born you were in God's plan, and right there was this moment in your life underlined and highlighted in color, because today is an important day. In these pages you will increase your ability to write your story and design your best future. It's one thing to know who we are, and another thing to discover it. Because, be warned: There are a lot of people out there who are completely confused about their identity. And no, we don't just mean people your age, but also some "adultosaurs" who haven't yet discovered what we're going to talk about here. So, you are going to be ahead of most by reading this book.

All of humanity needs to answer the question *"Who am I and who do I want to be?"* And although the question is the same for everyone, each person has a different answer, because no one is the same as anyone else. God, in His wonderful love, created you specifically to be in this time, in this city, in this body, with this mind, and with certain gifts, talents, and opportunities. Nothing was a mistake. Nothing had to do with the fate of your parents. You are a piece that fits right where you are, and little by little, if you open your eyes to what we are going to talk about, you will feel how each part of your being fits perfectly into this great puzzle that is God's plan.

Think about this: Before He created humanity, God was already complete. He is love, and within the Trinity a perfect relationship is maintained. His very identity comes from those relationships: there cannot be a Father without a Son, nor a Son without a Father, and the Spirit cannot exist without being someone's spirit. Part of the meaning of us being made in the image of God is that our identity is also a result of relationships: from our relationship with God and from our relationships with

es casualidad que estés leyendo estas palabras en este preciso instante. Este es tu tiempo de descubrirte. Dios también desea que descubras sus planes para ti aquí en la tierra y en la eternidad, ya que no hay mejor manera de descubrirte que descubriendo a Dios. ¿Por qué? Porque Él te soñó.

Grábate esto: antes de que nacieras estabas en el pensamiento de Dios, y ahí mismo estaba este momento de tu vida subrayado y resaltado en colores, porque hoy es un día importante. Con estas páginas elevarás tu nivel de habilidad para escribir tu historia y diseñar tu mejor futuro. Es que una cosa es quiénes somos, y otra cosa es descubrirlo. Porque atención: hay un montón de gente por ahí completamente confundida respecto de su identidad. Y no, no nos referimos solo a personas de tu edad, sino también a algunos "adultosaurios" que todavía no descubrieron lo que vamos a hablar aquí. Por eso, tú te estás adelantando al leer este libro.

La humanidad entera necesita responder a la pregunta *"¿Quién soy y quién quiero ser?"*. Y aunque la pregunta sea la misma para todos, cada persona tiene una respuesta diferente, porque nadie es igual a los demás. Dios, en su maravilloso amor, te creó específicamente a ti para que estés en este tiempo, en esta ciudad, en este cuerpo, con esta mente, y con determinados dones, talentos y oportunidades. Nada fue un error. Nada tuvo que ver la suerte de tus padres. Tú eres una pieza que encaja justo en el lugar donde estás, y de a poco, si vas abriendo los ojos a lo que vamos a hablar, irás sintiendo cómo cada borde de tu ser se acomoda perfectamente en este gran rompecabezas que es el sueño de Dios.

Piensa en esto: antes de crear a la humanidad, Dios ya estaba completo. Él es amor, y dentro de la trinidad se mantiene una relación perfecta. Su misma identidad proviene de esas relaciones: no puede haber un Padre sin un Hijo, ni un Hijo sin un Padre, y el Espíritu no puede existir sin ser espíritu de alguien. Parte de lo que significa que los seres humanos estemos

others. Just as a person cannot know what he or she looks like until he or she looks in a mirror, so we cannot know ourselves unless we look at ourselves in the reflection of God and other people.

However, the difficulty in seeing ourselves clearly in relation to those around us is not only due to the distorted reflection that is returned to us, because even in the "house of mirrors" of a fair it is possible to see details that distinguish us. In many cases the difficulty is because we do not interpret well what others are communicating to us. In other cases, it is because we do not want to see ourselves as we really are.

The problem is that our idea of the world and of ourselves forms a kind of filter or lens through which all our perceptions pass. That is why in this little book we will focus on freeing ourselves from some types of filters, such as feelings of shame and fear of failure, rejection, or punishment. Humanity has experienced these feelings since the time of Adam and Eve. And rightly so, since we have disobeyed God, and this causes us shame.

WE WANT YOU TO BE ABLE TO SEE YOURSELF AS GOD SEES YOU!

But when we are born again, all the punishment we deserved is placed on Jesus. That's why we want you to be able to see yourself as God sees you! If we accept His sacrifice for us, our natural failure is replaced by the perfect holiness of Jesus, and we are adopted into God's family. There is no longer any reason to be ashamed!

We are sure that you will understand why becoming convinced of our identity in Christ is such a significant step toward spiritual maturity and freedom. First, because it strengthens our relationship with God and our love for Him. Second, because it helps us to confront the plans of the devil, especially in his role

hechos a la imagen de Dios tiene que ver con que nuestra identidad también se deriva de las relaciones: de nuestra relación con Dios y de nuestras relaciones con los demás. Así como una persona no puede saber cómo se ve hasta que se mira en un espejo, de igual manera nosotros no podemos conocernos si no nos miramos en el reflejo de Dios y de las otras personas.

Ahora bien, la dificultad para vernos claramente en relación con los que nos rodean no se debe solo al reflejo distorsionado que nos devuelven, porque hasta en "la casa de los espejos" de una feria es posible notar detalles que nos distinguen. En algunos casos, se debe a que no interpretamos bien lo que los otros nos están comunicando. En otros, a que no queremos vernos como realmente somos.

El problema es que nuestra idea del mundo y de nosotros mismos forma una especie de filtro o lente a través del cual pasan todas nuestras percepciones. Por eso, en este pequeño libro nos enfocaremos en liberarnos de algunos tipos de filtros, como los sentimientos de vergüenza y el temor al fracaso, al rechazo o al castigo. La humanidad ha experimentado estos sentimientos desde la época de Adán y Eva. Y con razón, ya que hemos desobedecido a Dios y esto nos produce vergüenza. Pero cuando nacemos de nuevo,

¡QUEREMOS QUE PUEDAS VERTE COMO DIOS TE VE!

todo el castigo que merecíamos es puesto en Jesús. ¡Por eso queremos que puedas verte como Dios te ve! Si aceptamos su sacrificio por nosotros, nuestro fracaso natural es remplazado por la perfecta santidad de Jesús y somos adoptados para ingresar a la familia de Dios. ¡Ya no hay razón para sentir vergüenza!

Seguramente ahora comprenderás por qué el llegar a estar convencidos de nuestra identidad en Cristo es un paso tan

as accuser. He uses our sins to make us doubt God's love for us and the effectiveness of the Holy Spirit's sanctifying work in our lives. But if we are sure of our identity in Christ, we can deal with all of his lies.

Often, when we are unsure about what someone thinks of us, or if we think someone is angry with us, we avoid them. But when someone cares about us, believes in us, and encourages us, then we want to spend time with that person. It is the same with God. When we think He doesn't care about us, or when we imagine Him being angry with us and permanently looking for our faults to punish us, we treat Him the same way idolaters treat their "gods": with respect and even fear and seeking to appease Him with the things we think He wants ("trying to be good" and performing religious rituals and ceremonies, such as going to Church).

However, throughout the Bible we find that God calls us not to conform outwardly to a bunch of rules but to enter into an intimate relationship with Him. Jesus Himself said:

"What sorrow awaits you [...] hypocrites. For you are so careful to clean the outside of the cup and the dish, but inside you are filthy—full of greed and self-indulgence! You blind Pharisee! First wash the inside of the cup and the dish, and then the outside will become clean, too." (Matthew 23:25–26)

That's a very strong verse, isn't it?

The good news is that as soon as you clean "the inside of the cup" you can enter into a new relationship with God, and then you will know exactly who you are.

significativo hacia la madurez y la libertad espiritual. Primero, porque fortalece nuestra relación con Dios y nuestro amor por Él. Segundo, porque nos sirve para hacer frente a las maquinaciones del diablo, especialmente en su papel de acusador. Él utiliza nuestros pecados para hacernos dudar del amor que Dios nos tiene y de la efectividad del trabajo de santificación del Espíritu Santo en nuestras vidas. Pero si estamos seguros de nuestra identidad en Cristo podemos desbaratar todas sus mentiras.

Con frecuencia, cuando estamos inseguros sobre lo que alguien piensa de nosotros, o si creemos que alguien está enojado con nosotros, lo evitamos. Pero cuando alguien se preocupa por nosotros, cree en nosotros y nos anima, entonces queremos pasar tiempo con esa persona. Lo mismo sucede con Dios. Cuando pensamos que no le importamos, o cuando lo imaginamos enojado con nosotros y buscando permanentemente nuestras fallas para castigarnos, lo tratamos de la misma forma en que los idólatras tratan a sus "dioses": con respeto y hasta temor, y buscando apaciguarlo con las cosas que pensamos que quiere ("tratando de ser buenos" y realizando rituales religiosos y ceremonias, como por ejemplo ir a la iglesia).

Sin embargo, en toda la Biblia encontramos que Dios nos llama no a conformarnos externamente a un montón de reglas, sino a entablar una relación íntima con Él. Jesús mismo dijo:

"¡Ay de ustedes [...] hipócritas!, porque limpian cuidadosamente el exterior del vaso y dejan el interior lleno de robo e injusticia. [...] ciegos, limpien primero el interior del vaso, para que esté limpio por dentro y por fuera". (Mateo 23:25-26)

Fuertísimo, ¿no?

La buena noticia es que en cuanto limpies "lo de dentro del vaso" podrás entrar en una nueva relación con Dios, y entonces conocerás exactamente quién eres.

LEVEL 2

LOOK WHO'S TALKING

True wisdom has two great playing fields: the knowledge of God and the knowledge of ourselves. As an old French sage named John Calvin once said: "We cannot have a clear and complete knowledge of God unless it is accompanied by a corresponding knowledge of ourselves."

Surely by this point in your life you have begun to form some sort of a picture of who you are. Over the past few years, you've discovered some of your skills and some of your limitations, and even things about yourself that you didn't know before. In fact,

some boys and girls get worried about that, and it gets worse if they start comparing themselves to others! We know that at your age, comparing yourself to others is an everyday thing: either you do it yourself or others do it for you (and publicly). The problem is that comparing yourself is never the best idea.

The people around us often define and value us by what we do more than by who

MIRA QUIÉN HABLA

La verdadera sabiduría tiene dos grandes terrenos de juego: el conocimiento de Dios y el conocimiento de nosotros mismos. Ya lo dijo un viejo sabio francés llamado Juan Calvino: no podemos conocer a Dios sin conocernos a nosotros mismos, y tampoco podemos conocernos del todo a nosotros mismos sin conocer lo suficiente a Dios.

Seguramente a esta altura de tu vida ya comenzaste a formarte algún tipo de pensamiento acerca de quién eres. Durante los últimos años has descubierto algunas de tus destrezas y varias de tus limitaciones, e incluso cosas sobre ti que antes desconocías. De hecho, a algunos chicos y chicas les desespera eso, ¡y se hace peor si empiezan

LAS PERSONAS QUE NOS RODEAN MUCHAS VECES NOS DEFINEN Y NOS VALORAN POR LO QUE HACEMOS MÁS QUE POR LO QUE SOMOS

a compararse con otros! Sabemos que a tu edad compararte con otros es cosa de todos los días: o lo haces tú, o los demás se encargan de hacerlo por ti (y públicamente). El problema es que compararse nunca es la mejor idea.

THE PEOPLE AROUND US OFTEN DEFINE AND VALUE US BY WHAT WE DO MORE THAN BY WHO WE ARE

we are. Many evaluate money, physical beauty, intelligence, or talent for sports. The consequences of this short-sighted view of who is who are devastating in two ways. First, because they highlight the lie that your value comes from what you have. Second, because they feed the belief that what you do determines who you are, and that only serves Satan.

Pay attention to the following parable from Luke 18:9–14 adapted to the present day:

Two people came into the Church to pray. One was a Church leader, and the other was a corrupt policeman.

(By now an image has probably come to your mind, perhaps even of someone you know. But the story goes on...)

The Church leader raised his hands to heaven and prayed: "Lord, thank you that I am not like the others: greedy, dishonest and contaminated by sin. Thank you that I am not like that policeman over there. I am so devoted to you that I fast twice a week and always give you the exact tithe of what I earn."

Meanwhile the policeman, who remained behind, near the entrance of the Church, did not even dare to raise his head. Then, with a groan of despair, he said: "God, have mercy on me, for I am a sinner!"

Do you still feel the same way about these two characters? If your opinion has changed, why did it change?

Las personas que nos rodean muchas veces nos definen y nos valoran por lo que hacemos más que por lo que somos. Muchos evalúan el dinero, la belleza física, la inteligencia o el talento para el deporte. Las consecuencias de esta corta visión sobre quién es quién resultan devastadoras en dos sentidos. Primero, porque le ponen luces de colores a la mentira de que tu valor proviene de lo que tienes. Segundo, porque alimentan la creencia de que lo que haces determina lo que eres, y eso solo le sirve a Satanás para lastimarte.

ES MUY DIFÍCIL SER OBJETIVOS ACERCA DE QUIÉNES SOMOS

Presta atención a la siguiente parábola de Lucas 18:9-14 adaptada a la actualidad:

Dos personas entraron a la iglesia para orar. Uno era un líder de la iglesia y el otro era un policía corrupto.

(A esta altura es probable que ya te haya venido a la mente una imagen, quizás hasta de alguien conocido. Pero el relato sigue...).

El líder de la iglesia levantó sus manos al cielo y oró: «Señor, gracias porque no soy como los demás: codicioso, deshonesto y contaminado por el pecado. Gracias porque no soy como ese policía de allá. Estoy tan consagrado a ti que ayuno dos veces por semana y siempre te doy el diezmo exacto de lo que gano».

Mientras tanto, el policía, que aún permanecía atrás, cerca de la entrada de la iglesia, ni siquiera se atrevía a levantar la cabeza. Entonces, con un gemido de desesperación, dijo: «¡Dios, ten misericordia de mí, porque soy pecador!».

Jesus told this parable to some men who were trusting in their own virtue and looked down on other people. At the end of the parable, He said to them:

I assure you that it was the second man and not the first who was able to go home forgiven by God.

We only see the outward appearance and what people do when they are in front of us, and from there we judge others. However, God sees the heart and its motives! That is why the Bible says:

JUST AS DIFFICULT AS BEING ABLE TO ACCURATELY JUDGE WHETHER SOMEONE IS REALLY WHAT THEY APPEAR TO BE, IS BEING OBJECTIVE ABOUT WHO WE ARE

"... People judge by outward appearance, but the Lord looks at the heart." (1 Samuel 16:7)

The world focuses on self-esteem for the purpose of making us feel good about ourselves. But God does not deal with us in such a superficial way. David understood that God wants us to have an accurate perception of ourselves and others. That is why he wrote:

"But you desire honesty from the womb, teaching me wisdom even there." (Psalm 51:6)

Now, just as difficult as being able to accurately judge whether someone is really what they appear to be, is being objective about who we are and how we really see ourselves.

As we already mentioned, a lot of our identity comes from relationships. Part of who we are is determined by who our

¿Sigues pensando lo mismo acerca de estos dos personajes? Si ha cambiado tu opinión, ¿por qué cambió?

Jesús les contó esta parábola a unos hombres que estaban confiando en su propia virtud y miraban con desprecio a otras personas. Al final de la parábola les dijo:

Les aseguro que fue el segundo hombre y no el primero el que pudo ir a su casa perdonado por Dios.

Nosotros solo vemos el aspecto exterior y lo que las personas hacen cuando están frente a nosotros, y de ahí partimos para juzgar a los demás. Sin embargo, ¡Dios ve el corazón y sus motivos! Por eso leemos:

"...Los hombres juzgan por la apariencia exterior, pero yo miro el corazón". (1 Samuel 16:7)

El mundo se enfoca en la autoestima con el propósito de hacernos sentir bien con nosotros mismos. Pero Dios no trata con nosotros de una manera tan superficial. David entendía que lo que Dios quiere para nosotros es que tengamos una exacta percepción de nosotros mismos y de los demás. Por eso escribió:

"Tú amas la verdad en lo íntimo, y me enseñas a ser sabio en lo más profundo de mi ser". (Salmos 51:6)

Ahora bien, tan difícil como ser capaces de juzgar acertadamente si alguien es en realidad lo que parece, es ser objetivos acerca de quiénes somos nosotros y de cómo nos vemos realmente.

Como ya mencionamos, nosotros obtenemos nuestra identidad de las relaciones. Parte de lo que somos está determinado por quiénes son nuestros padres, hermanos, maestros y amigos, y también por lo que creemos acerca de Dios. También vimos que, del mismo modo en que necesitamos mirarnos en un espejo para ver claramente cómo lucimos por fuera, así

parents, siblings, teachers, and friends are, and by what we believe about God. We also saw that, just as we need to look in a mirror to see clearly what we look like on the outside, so we need to look in the mirror of God's Word and in the mirror of those around us to help us know who we really are on the inside. That's why the quality and clarity of the mirrors we have around us are so important! Sometimes we don't have the best mirrors... they are old, cloudy, or even broken. That's why we invite you to take a quick but honest evaluation of the mirrors in which you are looking at your life: Who are the people around you? What characteristics stand out in them? Are there any of them that are reflected in you?

Many of these mirrors were not chosen by us. They are simply in our lives. For example, our family, family friends, schoolmates, and other people we interact with on a daily basis.

But there are others we can choose. For example, the friends with whom we spend our best time and to whom we devote all our attention. Make no mistake. Your friendship is worth gold, because in it is your life, which has been paid for by the blood of Jesus. You have all the power to decide who will continue to reflect values and principles into your life, and who you will have to remove from your sight because they are contrary to the reflection that God wants you to see.

Even those whom we cannot choose, those whom we cannot avoid, and who will always be showing us good or bad images, we must also learn to filter them through God's truths.

And even if many of the images you see are distorted, you must remember the following: You are not an accident. God did not make a mistake in creating you. You were not a mistake of your parents or of nature. Long before you were conceived God had already created you in His mind. Even before the world existed!

Look at these Bible verses:

△

también necesitamos vernos en el espejo de la Palabra de Dios y en el espejo de los que nos rodean para ayudarnos a saber quiénes somos realmente en el interior. ¡Por eso son tan importantes la calidad y la claridad de los espejos que tenemos a nuestro alrededor! A veces no tenemos los mejores espejos... están viejos, nublados, o hasta quebrados. Por eso te invitamos a que en este momento puedas hacer una evaluación rápida pero sincera de los espejos en los que estás mirando tu vida: ¿quiénes son las personas que te rodean? ¿Qué características se destacan en ellas? ¿Hay algunas de ellas que se reflejen en ti?

Muchos de estos espejos no los hemos elegido nosotros. Simplemente están en nuestra vida. Por ejemplo, nuestra familia, amigos de la familia, compañeros de escuela y otras personas con las que interactuamos diariamente.

Pero hay otros que sí podemos elegir. Por ejemplo, los amigos con quienes pasamos nuestros mejores momentos y a quienes les dedicamos toda nuestra atención. No te equivoques. Tu amistad vale oro, porque en ella está tu vida, que ha sido pagada por la sangre de Jesús. Tienes todo el poder de decidir quién seguirá reflejando en ti valores y principios, y a quiénes tendrás que quitar de tu vista porque son contrarios al reflejo que Dios quiere que veas.

Incluso a aquellos a quienes no podemos elegir, aquellos que no podemos evitar, y que siempre estarán mostrándonos imágenes buenas o malas, también debemos aprender a filtrarlos a través de las verdades de Dios.

Y aunque muchas de las imágenes que veas sean distorsionadas, debes recordar lo siguiente: tú no eres un accidente. Dios no se equivocó al crearte. Tú no fuiste un error de tus padres ni de la naturaleza. Mucho antes de que fueras concebido Dios ya te había creado en su mente. ¡Incluso antes de que el mundo existiera!

YOU ARE NOT AN ACCIDENT. GOD DID NOT MAKE A MISTAKE IN CREATING YOU

"You made all the delicate, inner parts of my body and knit me together in my mother's womb." (Psalm 139:13)

"You saw me before I was born. Every day of my life was recorded in your book. Every moment was laid out before a single day had passed." (Psalm 139:16)

"Even before he made the world, God loved us and chose us in Christ to be holy and without fault in his eyes. God decided in advance to adopt us into his own family by bringing us to himself through Jesus Christ. This is what he wanted to do, and it gave him great pleasure." (Ephesians 1:4–5)

God chose what you would be like: your skin color, your height, your personality, and your talents. He thought about your life beforehand. And God does not do things by chance, nor does He make mistakes. The Bible tells us that God is love. Not that *He has* love, but that His person *IS* love. All His creation is an expression of Himself, that is, of love. Everything He does is done out of love, and every person was created with a purpose in mind.

It is only through the reflection of His powerful love that we can find the purpose and meaning behind everything that we go through.

Read on and you will see how, with the right perception, based on how God sees you, you will be able to live in the midst of other people's opinions without getting confused and forgetting who you really are.

Mira estos versículos de la Biblia:

"Tú hiciste todas las delicadas partes internas de mi cuerpo y las uniste en el vientre de mi madre".
(Salmos 139:13)

TÚ NO ERES UN ACCIDENTE. DIOS NO SE EQUIVOCÓ AL CREARTE

"Tus ojos vieron mi cuerpo en gestación: todo estaba ya escrito en tu libro; todos mis días se estaban diseñando, aunque no existía uno solo de ellos". (Salmo 139:16)

"Desde antes que formara el mundo, Dios nos escogió para que fuéramos suyos a través de Cristo, y resolvió hacernos santos y sin falta ante su presencia. Y nos destinó de antemano, por su amor, para adoptarnos como hijos suyos, por medio de Jesucristo, debido a su buena voluntad". (Efesios 1:4-5)

Dios eligió cómo serías: tu color de piel, tu estatura, tu personalidad y tus talentos. Él pensó de antemano en tu vida. Y Dios no hace las cosas por casualidad, ni comete errores. La Biblia nos afirma que Dios es amor. No que *tiene* amor, sino que su persona *ES* amor. Toda su creación es expresión de sí mismo, es decir, del amor. Todo lo que hace lo hace por amor, y cada persona fue creada con un propósito en mente.

Solo a través del reflejo de su poderoso amor es que podremos encontrar el propósito y sentido detrás de todo lo que vivimos y pasamos.

Continúa leyendo y verás cómo, con la percepción correcta, fundada en cómo Dios te ve, podrás caminar en medio de las opiniones de otras personas sin confundirte y sin olvidar quién eres en realidad.

DISTORTING MIRRORS

A few pages ago we said that we cannot know ourselves without discovering the perspective that both God and others have of us. We also saw that, unfortunately, the reflection we see in those around us is often distorted. Just as many parents use a tape measure or marks on the wall to measure the growth of their children, the world around us uses certain "measurements" to calculate the value of a person depending on whether he or she has money, is good looking, is intelligent, has athletic ability, etc. In this way, people value and define others by what they can offer. If they are rich, their value and identity depend on how much money they have. If they are good looking, they depend on their appearance. If you are someone smart, or fast, or strong, your value and identity then depend on the skills you possess.

Now, we all have a deep need to be seen as valuable. That's why many people spend their lives trying to achieve one or more of these standards. And because these standards are impossible for most of us to achieve, it is common for us to look in the mirror of the world and see ourselves as insignificant, flawed, or inferior.

To help us understand the confusion and frustration that come from trying to figure out who we are based solely on the point of view of the people around us, let's examine the life of Joseph as recorded in the book of Genesis. Very few people experience such extremes of joy and sorrow in their lives as

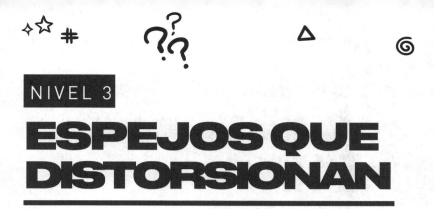

ESPEJOS QUE DISTORSIONAN

Hace unas páginas decíamos que no podemos conocernos a nosotros mismos sin descubrir la perspectiva que tienen tanto Dios como otras personas acerca de nosotros. También vimos que, desafortunadamente, el reflejo que vemos en los que nos rodean suele estar distorsionado. Al igual que muchos padres usan una cinta métrica o unas marcas en la pared para medir el crecimiento de sus hijos, el mundo que nos rodea emplea determinadas "medidas" para calcular el valor de una persona dependiendo de si tiene dinero, es bien parecida, es inteligente, posee habilidades deportivas, etc.

De esa manera, la gente valora y define a los demás por lo que pueden ofrecer. Si es alguien rico, su valor e identidad dependen de cuánto dinero tiene. Si alguien es bien parecido, dependen de su apariencia. Si alguien es inteligente o rápido o fuerte, su valor e iden- tidad dependerán entonces de las habilidades que posee.

Ahora bien, todos tenemos una necesidad profunda de ser vistos como personas valiosas. Por eso mucha gente se pasa la vida tratando de alcanzar uno o más de estos estándares. Y como

IS COMMON FOR US TO LOOK IN THE MIRROR OF THE WORLD AND SEE OURSELVES AS INSIGNIFICANT, FLAWED, OR INFERIOR Joseph did! When he was only 17 years old, he went from being his father's favorite and especially beloved son, to being a slave in a distant land. Imagine that! Then, when he was about thirty years old, he went from being a simple slave to ruling an important household, from there to prison, and a few years later to being second in the government of all Egypt. His life was like a big, crazy roller coaster!

However, as we read chapter 45 of the book of Genesis, we realize that Joseph did not feel bitterness toward his brothers, nor did he hold a grudge against them for treating him badly. On the contrary, Joseph loved his brothers. Why? Because he trusted that God had a purpose for his life.

Joseph understood that his life had a purpose beyond himself. He understood that his experiences transcended his own condition, and that each of his decisions, of his learning from suffering, of his efforts to do his best in every job that came his way, each small step had an eternal consequence for his family and for all of God's people.

"But don´t be upset, and don't be angry with yourselves for selling me to this place. It was God who sent me here ahead of you to preserve your lives. . . . So it was God who sent me here, not you! And he is the one who made me an advisor to Pharaoh—the manager of his entire palace and the governor of all Egypt." (Genesis 45:5, 8)

estas medidas resultan imposibles de lograr para la mayoría de nosotros, es común que al mirarnos en el espejo del mundo nos veamos reflejados como si fuéramos insignificantes, defectuosos o inferiores.

Para ayudarnos a entender la confusión y la frustración que se producen al tratar de descubrir quiénes somos basándonos solamente en el punto de vista de la gente que nos rodea, vamos a examinar la vida de José como la registra el libro de Génesis. ¡Muy poca gente experimenta en su vida tales extremos de alegrías y tristezas como los que atravesó José! Cuando tenía tan solo 17 años pasó de ser el hijo predilecto y especialmente amado de su padre, a ser un esclavo en una tierra lejana. ¡Imagínate eso! Luego, cuando contaba aproximadamente con unos treinta años pasó de ser un simple esclavo a gobernar una casa importante, de ahí a la cárcel, y unos años después a ser el segundo en el gobierno de todo Egipto. ¡Su vida fue como una gran y loca montaña rusa!

> **AL MIRARNOS EN EL ESPEJO DEL MUNDO ES COMÚN QUE NOS VEAMOS REFLEJADOS COMO SI FUÉRAMOS INSIGNIFICANTES, DEFECTUOSOS O INFERIORES**

Sin embargo, al leer el capítulo 45 del libro de Génesis nos damos cuenta de que José no sentía amargura hacia sus hermanos, ni les guardaba rencor por haberlo tratado mal. Por el contrario, José amaba a sus hermanos. ¿Por qué? Porque confiaba en que Dios tenía un propósito para su vida.

José entendió que su vida era más que para sí mismo. Él entendió que sus experiencias trascendían a su propia

In life there will be people who will make you grow and make you feel that you have all the possibilities in your hands to be the best possible version of yourself, and there will be other people who will make you feel bad, who will highlight your faults and despise your capabilities. That's why it's important to focus on the right mirror, the one that gives us a clear vision of who we are. But beware: There will be a third group of people who will make you feel good because they are with you and you call them your friends, but who can also mess with you so that you do not become the best version of yourself. You must learn to recognize these people and protect yourself from them, and especially from their advice.

IT'S IMPORTANT TO FOCUS ON THE RIGHT MIRROR, THE ONE THAT GIVES US A CLEAR VISION OF WHO WE ARE

Another thing we need to understand is that when we look at our reflection in others, we will find an image that can be distorted in two ways: in what they are communicating to us, and in the way we perceive what they are communicating to us.

Let us explain it better: Often, what people see reflected in us has much more to do with what they think of themselves, or what they are experiencing at the time, than with who we really are. And that's how it is with us when we see our reflection in other people. In addition, sin causes us to distort the way we perceive ourselves and the way we reflect others.

For example, Joseph's brothers hated him, not because he was a bad person, but because they were jealous of their father's love for him. Their sins were envy and jealousy, and that caused them to view Joseph with malice and annoyance.

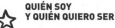
condición, y que cada una de sus decisiones, de sus aprendizajes en el sufrimiento, de sus esfuerzos por hacer lo mejor posible en cada trabajo que se le presentaba, cada pequeño paso, tenían una consecuencia eterna para su familia y para todo el pueblo de Dios.

"Pero no se aflijan ni se condenen por ello, porque era plan de Dios. Dios me envió aquí antes que a ustedes para preservarnos la vida y la de nuestras familias. [...] Dios me envió aquí para mantenerlos con vida a ustedes y a sus familias, para que puedan ser una nación grande. Sí, Dios, y no ustedes, fue el que me envió a Egipto. Dios me puso por consejero del faraón y por administrador de toda la nación, gobernador de toda la tierra de Egipto". (Génesis 45:5,7-8)

En la vida habrá personas que te harán crecer y te harán sentir que tienes todas las posibilidades en tus manos como para ser la mejor versión posible de ti mismo, y habrá otras que te harán sentir mal, que destacarán tus faltas y despreciarán tus capacidades. Por eso es importante enfocarnos en el espejo correcto, en el que nos dé una visión clara de quiénes somos. Pero cuidado: habrá un tercer grupo de personas que te harán sentir aparentemente bien porque están contigo y les llamas tus amigos, pero que también pueden colaborar para que no llegues a ser la mejor versión de ti mismo. Debes aprender a reconocer a estas personas y a poner distancia de ellas, sobre todo de sus consejos.

Otra cosa que necesitamos comprender es que al mirar nuestro reflejo en otros, nos encontraremos con una imagen que puede estar

ES IMPORTANTE ENFOCARNOS EN EL ESPEJO CORRECTO, EN EL QUE NOS DÉ UNA VISIÓN CLARA DE QUIÉNES SOMOS

Likewise, a manipulative or abusive person will make others feel worthless or insignificant, not because they are, but because of the manipulator's own insecurity and discontent.

On the other hand, just as Joseph's father did not help him to be more sensitive to his brothers, but on the contrary made the situation worse by giving him a special robe for everyone to see, so too a proud father or grandfather may overestimate the talents or virtues of any of his children or grandchildren, which can create spoiled and arrogant children who think that only they are full of gifts and virtues, and brothers and cousins who will look with hatred at the spoiled one.

In an opposite way, an alcoholic parent may cause his child to believe that everything is his fault, and that if he were more obedient or if he fought less with his siblings, the parent would stop drinking, but this is not true. A lie like this can cause the child to have an unrealistic and distorted image of himself.

If you have ever been in a "house of mirrors" or have seen them in a movie, you will know that these mirrors have different "deformed" shapes, not flat, and that this is what makes the image distorted and people look funny, because certain parts or certain characteristics of the body are exaggerated. But the "deformed" image is not the person, but the mirror in which he is being reflected! That is why we all know that we cannot trust what we see in these mirrors, because it is not reality, the real thing, but a distortion of what we are. It is an exaggeration of certain parts that are real, and that is why they confuse us, but they are not in true proportions.

So, we have a question for you: If you were placed in front of a mirror, how would you know if what you are seeing is true or not? The answer would be: by knowing beforehand what your image looks like reflected in a real mirror, and comparing that image with the one you are seeing, to know if they are the same or not!

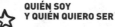
distorsionada en dos formas: en lo que los ellos nos comunican y en la forma en que nosotros percibimos aquello que nos están comunicando.

Permítenos explicarlo mejor: con frecuencia, lo que la gente ve reflejado en nosotros tiene mucho más que ver con lo que ellos piensan de sí mismos, o con lo que están viviendo en ese momento, que con quienes somos realmente. Y así también nos pasa a nosotros al ver nuestro reflejo en otras personas. Además, el pecado ocasiona que se distorsione nuestra manera de percibirnos y nuestra forma de reflejar a otros.

Por ejemplo, los hermanos de José lo odiaban, no porque fuera una mala persona, sino porque estaban celosos del amor que su padre le tenía. Sus pecados eran la envidia y los celos, y eso ocasionaba que lo vieran a José con maldad y fastidio.

Asimismo, una persona manipuladora o abusiva hará sentir a otros que no valen o que son insignificantes, no porque lo sean, sino por la inseguridad y el descontento del propio manipulador.

Por otra parte, tal como el padre de José no le ayudó a ser más sensible con sus hermanos, sino que, por el contrario, empeoró la situación al darle una túnica especial para que todo el mundo la viera, así también un padre o un abuelo orgulloso pueden sobrestimar los talentos o virtudes de alguno de sus hijos o nietos, dando lugar a muchachos mimados y arrogantes que piensan que únicamente ellos están llenos de dones y virtudes, y a hermanos y primos que mirarán con odio al mimado.

En un sentido opuesto, un padre alcohólico puede darle a entender a su hijo que todo es culpa suya, y que si fuera más obediente o si peleara menos con sus hermanos, él dejaría de beber, pero esto no es cierto. Una mentira como esta puede hacer que el hijo tenga una imagen irreal y distorsionada de sí mismo.

Very good. So, in the rest of this book, we will do just that. We will learn how to recognize which mirrors are false, how to discard the distorted images we see even when we don't want to, and how to keep the best mirror to look into every day.

Read on and hopefully you will soon be able to see and reflect what God thinks about you. That's where you will find the ultimate prize of knowing who you really are!

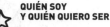
△

Si alguna vez has estado en una "casa de los espejos" o las has visto en alguna película, sabrás que esos espejos tienen diferentes formas "deformadas", no planas, y que eso es lo que hace que la imagen se distorsione y que las personas se vean de formas chistosas, porque se exageran ciertas partes o ciertas características del cuerpo. ¡Pero lo "deformado" no es la persona, sino el espejo en el que se está reflejando! Por eso, todos sabemos que no podemos confiar en lo que vemos en estos espejos, porque no es la realidad, lo verdadero, sino una distorsión de lo que somos. Se trata de una exageración de ciertas partes que sí son reales, y por eso nos confunden, porque no están en la proporción real.

Entonces, tenemos una pregunta para ti: Si te colocaran frente a un espejo cualquiera, ¿cómo podrías saber tú si lo que estás viendo es verdadero o no? La respuesta sería: ¡conociendo previamente cómo es tu imagen reflejada en un espejo verdadero, y comparando esa imagen con la que estás viendo, para saber si son iguales o no!

Muy bien. Entonces, en lo que resta de este libro, haremos justamente eso. Aprenderemos a reconocer cuáles son los espejos falsos, cómo descartar las imágenes distorsionadas que vemos aunque no queramos, y cómo quedarnos con el mejor espejo para mirarnos en él todos los días.

Sigue adelante con la lectura y esperamos que pronto llegues a ser capaz de ver y reflejar lo que Dios piensa de ti. ¡Allí está el premio supremo de conocer quién eres en verdad!

PART 2: FOCUSING YOUR VISION

Your eyes are very valuable. And no, we don't just mean that your eyes can see (which of course is wonderful), but they control *what*, or *who* you focus your vision on.

Read this verse:

"A cheerful heart is good medicine, but a broken spirit saps a person's strength." (Proverbs 17:22)

Making sure that your mind is clear of bad thoughts depends a lot on your eyes. Look at things that are good, joyful, and part of God's plan, and what you do will be good, joyful, and part of God's plan.

PARTE 2: ENFOCANDO LA VISTA

Tu mirada es muy valiosa. Y no, no nos referimos solo a que tus ojos puedan ver (lo cual por supuesto es maravilloso), sino a *en qué*, o *en quién*, o *en quiénes* enfocas tus pensamientos.

Mira este texto:

"No hay mejor medicina que tener pensamientos alegres. Cuando se pierde el ánimo, todo el cuerpo se enferma". (Proverbios 17:22,TLA)

Tener la mente despejada de malos pensamientos depende mucho de tu mirada. Mira cosas buenas, alegres, y en las que Dios sea parte, y lo que hagas será bueno, alegre, y Dios será parte.

MISCONCEP-TIONS

Hearing lies is something that happens to all of us on a daily basis. Lies appear on practically every screen we look at, and even our friends tell us lies without knowing it. In fact, our friends tell us lies without even realizing that what they are saying is miles from the truth!

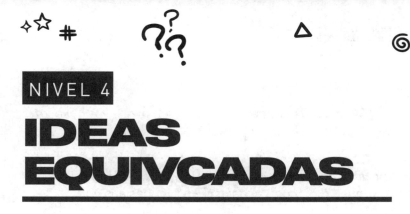

IDEAS EQUIVCADAS

Escuchar mentiras es algo que nos sucede a todos de manera cotidiana. Aparecen mentiras prácticamente en cada pantalla que miramos, e incluso nuestros amigos nos dicen mentiras sin saberlo. De hecho, ¡nuestros amigos nos dicen mentiras sin siquiera sospechar que están a planetas de distancia de la verdad!

Mira estos textos de la Biblia:

"Nosotros fuimos quienes nos extraviamos como ovejas, nosotros, quienes seguimos nuestro propio camino..." (Isaías 53:6)

"A causa de la ignorancia que los domina y por la dureza de su corazón, estos tienen oscurecido el entendimiento y están alejados de la vida que proviene de Dios". (Efesios 4:18, NVI)

Como ves, escuchar y creer mentiras no es algo nuevo. ¿Recuerdas lo que vimos hace unas páginas? Aunque podemos aprender acerca de nosotros mismos por medio de aquellos que nos rodean, hay un peligro, y es que lo que ellos nos reflejan frecuentemente está distorsionado de alguna u otra manera. Por lo tanto, la única forma de conocernos realmente es mirándonos en un buen espejo. Además, si hacemos esto, podremos luego distinguir cualquier distorsión que veamos en el reflejo que nos devuelven aquellos que nos rodean.

Look at these verses from the Bible:

"All of us, like sheep, have strayed away. We have lefts God's paths to follow our own." (Isaiah 53:6)

"Their minds are full of darkness; they wander far from the life God gives because they have closed their minds and hardened their hearts against him." (Ephesians 4:18)

As you can see, listening to and believing lies is nothing new. Remember what we said a few pages ago? Although we can learn about ourselves from those around us, there is a danger that what they reflect back to us is often distorted in some way or another. Therefore, the only way to really know ourselves is to look in a good mirror. Most importantly, if we do this, we can then distinguish any distortion we see in the reflection of those around us.

But where do we get a good mirror? This is a very important question, and the answer is simple: The only perfect mirror we have is what God thinks about us! We can learn this through the Bible. So, let's spend a few minutes learning about God's view of humankind.

God created mankind in His own image. He gave them life and provision for their physical needs. He also gave them a spiritual life in communion with Him. This is our positive inheritance from creation.

THE ONLY PERFECT MIRROR WE HAVE IS WHAT GOD THINKS ABOUT US!

Unfortunately, Adam and Eve sinned, and this had far-reaching effects for all mankind. By their sin, Adam and Eve were separated from the presence of God (and this is spiritual death), and all their descendants except

Pero ¿de dónde sacamos un buen espejo? Esta es una pregunta fundamental, y la respuesta es sencilla: ¡El único espejo perfecto que tenemos es lo que Dios piensa acerca de nosotros! Esto lo podemos conocer por medio de la Biblia. Por eso, para comenzar, vamos a pasar unos minutos aprendiendo sobre la visión de Dios acerca del género humano...

Dios creó al género humano a su propia imagen. Le dio vida y provisión para sus necesidades físicas. También le dio una vida espiritual en comunión con Él. Ésta es nuestra herencia positiva de la creación.

Lamentablemente, Adán y Eva pecaron, y esto tuvo efectos de largo alcance para toda la humanidad. Por su pecado, Adán y Eva fueron separados de la presencia de Dios (esto es la muerte espiritual), y todos sus descendientes excepto Jesús (que es Dios mismo) han heredado este "pecado original" (así se le ha llamado), y comparten esta muerte espiritual.

Al igual que Adán y Eva trataron de esconderse de Dios en el Jardín del Edén, todos sus descendientes hacen lo mismo porque están espiritualmente muertos, y por eso evitan la presencia de Dios, ya que esta les recuerda su pecado y el castigo que merecen.

A la gente le gusta pensar que es independiente y libre de hacer lo que quiera, pero Dios dice que la humanidad es creación suya, dependiente de Él para tener vida, para poder respirar y para cualquier otra cosa, y que cada hombre debería reconocerle como su creador y su Dios, agradeciéndole por todo lo que le ha dado y obedeciendo sus mandamientos.

¡EL ÚNICO ESPEJO PERFECTO QUE TENEMOS ES LO QUE DIOS PIENSA ACERCA DE NOSOTROS!

Jesus (who is God Himself) have inherited this "original sin" (as it has been called), and share in this spiritual death.

Just as Adam and Eve tried to hide from God in the Garden of Eden, all their descendants do the same because they are spiritually dead, and therefore avoid God's presence, as it reminds them of their sin and the punishment they deserve.

People like to think that they are independent and free to do whatever they want, but God says that mankind is His creation, dependent on Him for life, for breathing, and for everything else. He says that every man should acknowledge Him as his creator and his God, thanking Him for all that He has given him, and obeying His commandments.

Now, look at this verse:

"Once you were like sheep who wandered away. But now you have turned to your Shepherd, the Guardian of your souls." (1 Peter 2:25)

Most of us haven't spent much time around real sheep. Have you? Some say they look beautiful but smell terrible.... Meanwhile, those of us who haven't seen them in person imagine them as a fluffy, white, stuffed animal placed on a child's bed. The truth is that for centuries, all over the world, sheep have been very, very important. They provide people with food and shelter, and for the people of Israel they were also important because they were used for the sacrifices offered to God.

Sheep are more useful, more defenseless, and "dumber" than household pets such as dogs and cats. Dogs and cats are capable of living in the wild. That is, they can find food on their own, and even fight their enemies if necessary. But sheep cannot find the food and water they need to survive on their own. They need the shepherd to lead them to where there is food and water. Sheep also cannot defend themselves if they are attacked or help themselves if they are injured or stuck.

Ahora, mira este versículo:

"Antes ustedes eran como ovejas descarriadas, pero ahora han regresado al Pastor que cuida de sus vidas". (1 Pedro 2:25)

La mayoría de nosotros no hemos pasado mucho tiempo cerca de ovejas de verdad. ¿Tú sí? Hay quienes dicen que se ven hermosas pero huelen muy mal... Mientras tanto, quienes no las conocemos en persona nos las imaginamos como un muñeco relleno, blanco y esponjoso, colocado sobre la cama de un niño. Lo cierto es que durante siglos, en todo el mundo, las ovejas han sido muy pero muy importantes. Proveen a las personas de comida y abrigo, y para el pueblo de Israel fueron importantes también porque las utilizaban para los sacrificios ofrecidos a Dios.

Las ovejas son a la vez más útiles, más indefensas y más tontas que las mascotas caseras como perros y gatos. Los perros y gatos son capaces de vivir en forma "salvaje". Es decir, pueden encontrar alimento por sí solos, y hasta pelear con sus enemigos si fuera necesario. Pero las ovejas no pueden encontrar solas el alimento y el agua que necesitan para sobrevivir. Necesitan del pastor para que las conduzca hacia donde hay alimento y agua. Las ovejas tampoco pueden defenderse si las atacan, o ayudarse a sí mismas si están heridas o se encuentran atascadas. Por lo tanto, ya que son tan dependientes de su pastor, necesitan conocer muy bien quién es él, y aprender a distinguir su voz. ¡Ellas siempre vienen cuando su pastor las llama, porque confían en que él las va a cuidar y llevar a lugares que son buenos!

Ahora mira lo que dijo Jesús:

"Yo soy el buen pastor. Yo conozco a mis ovejas y ellas me conocen a mí, así como el Padre me conoce a mí y yo lo conozco a él, y doy mi vida por las ovejas". (Juan 10:14-15)

Therefore, since they are so dependent on their shepherd, they need to know very well who he is, and learn to recognize his voice. They always come when their shepherd calls them, because they trust him to take care of them and take them to places that are good!

Now look at what Jesus said:

"I am the good shepherd; I know my own sheep and they know me, just as my Father knows me and I know the Father. So I sacrifice my life for the sheep." (John 10:14–15)

△
✘ KNOWING YOUR IDENTITY IN CHRIST

🗨 DO YOU KNOW HOW SPECIAL YOU ARE IN GOD'S EYES?

Do you know how special you are in God's eyes?

Not being sure about the answer to this question is the reason why so many people live desperately trying to fit into the world and trying in many different ways to see if they can.

Now is your time to understand these ideas and accept them in your mind and heart. This is what the Bible says:

- You are someone God chose. (1 Peter 2:9; Jeremiah 1:5; Ephesians 1:3–4)

- You are someone God intended. (1 Peter 2:9; Deuteronomy 14:2)

- You are a treasure. (Deuteronomy 7:6; 14:2; 26:18)

- You are irreplaceable. (1 Thessalonians 1:4)

- You are loved beyond compare. (1 John 3:16; 4:10, 19; Romans 5:8; 8:35–39)

△

CONOCE TU IDENTIDAD EN CRISTO

¿Sabes lo especial que eres a los ojos de Dios?

No tener seguridad sobre la respuesta a esta pregunta es la razón por la cual tantas personas viven tratando desesperadamente de encajar en el mundo, y probando diferentes perfiles para ver si lo logran.

Ahora llegó tu momento de captar estas ideas y de afirmarlas en tu mente y en tu corazón. Esto es lo que dice la Biblia:

¿SABES LO ESPECIAL QUE ERES A LOS OJOS DE DIOS?

- Tú eres alguien que Dios escogió. (1 Pedro 2:9, Jeremías 1:5, Efesios 1:3-4)

- Tú eres alguien que Dios quiso. (1 Pedro 2:9, Deuteronomio 14:2)

- Tú eres un tesoro. (Deuteronomio 7:6, 14:2, 26:18)

- Tú eres insustituible. (1 Tesalonicenses 1:4)

- Tú eres amado sin comparación. (1 Juan 3:16, 4:10,19, Romanos 5:8, 8:35-39)

- Tú eres alguien por quien vale la pena morir. (1 Juan 3:16, Romanos 5:7-9)

- Tú estás perdonado. (Efesios 1:7, 1 Juan 1:9, Romanos 8:1,33-39)

- Tú eres su hijo. (1 Juan 3:1, Gálatas 3:26)

- Tú estás asegurado por toda la eternidad. (2 Corintios 1:22, Juan 10:28-29)

- Tú quedas en libertad. (Romanos 6:18, Gálatas 5:1)

- Tú eres precioso para Él. (Isaías 43:4)

- You are someone worth dying for. (1 John 3:16; Romans 5:7–9)

- You are forgiven. (Ephesians 1:7; 1 John 1:9; Romans 8:1, 33–39)

- You are His child. (1 John 3:1; Galatians 3:26)

- You are insured for all eternity. (2 Corinthians 1:22; John 10:28–29)

- You are set free. (Romans 6:18; Galatians 5:1)

- You are precious to Him. (Isaiah 43:4)

- You are set apart for a purpose. (John 15:16, 19; 1 Peter 2:9)

Come on. Reread the list now, but with your brain really switched on. Don't miss any of the points. Don't read them as if they were the same words that you may have heard in Church. Read the list again and enjoy it as if it were your favorite summer refreshment!

If you are in Christ, this is who you are. This is your permanent identity. It can never be taken away, ruined, abandoned, or changed.

This is your identity in Christ.

This is who you are at the lunch table, where you sometimes sit alone.

This is who you are when you get a bad grade on a test.

This is who you are when you didn't make the basketball or soccer team you wanted to be a part of.

This is what you are when you have sinned so badly that what you did does not seem forgivable. (To God it is.)

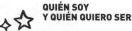
- Tú estás separado con un propósito. (Juan 15:16,19, 1 Pedro 2:9)

Vamos. Vuelve a leer la lista, pero ahora con el cerebro súper encendido. No pases ningún punto por alto. No la leas como si fueran las mismas palabras que escuchaste antes en la iglesia. ¡Lee la lista nuevamente y disfrútala como si fuera tu refresco preferido en verano!

Si estás en Cristo, esto es lo que tú eres. Esta es tu identidad permanente. Nunca se te puede quitar, estropear, abandonar o cambiar.

Esta es tu identidad en Cristo.

Esto es lo que tú eres en la mesa del almuerzo, donde a veces te sientas a solas.

Esto es lo que tú eres cuando obtienes una mala calificación en un examen.

Esto es lo que tú eres cuando no ingresaste al equipo de baloncesto o de futbol al que tanto deseabas pertenecer.

Esto es lo que tú eres cuando has pecado tan gravemente que lo que hiciste no parece perdonable (para Dios sí lo es).

YOUR IDENTITY IS NOT ABOUT FEELINGS

Regardless of how you feel today, or what situation you are going through, or who your friends think you are, or who you appear to be on some social network, your identity in Christ is what defines who you are for all eternity. Jesus died and rose again for the forgiveness of your sins, and by trusting that this gift was for you, you instantly became a son or daughter of God (1 John 3:1) and earned the right to be evaluated by Jesus's standards (Matthew 3:17).

> ## YOUR IDENTITY IN CHRIST IS WHAT DEFINES WHO YOU ARE FOR ALL ETERNITY

Of course, after understanding this, you will see that it is not only important to know your identity, but it is also important to live life knowing who you are. When was the last time you looked at yourself and saw a chosen and special child of God? When was the last time you made a decision with the confidence that you were chosen in His love and grace?

God created you in His image (Genesis 1:27). God makes masterpieces (Ephesians 2:10), and you are God's masterpiece, made by His hands. Hear the Lord rejoicing in your new identity in Christ, celebrating your acceptance into His family, and expressing how much He loves you (Zephaniah 3:17)!

Now, accepting these truths and continually remembering them require humility and trust. We may bring our honors, ribbons, and achievements before God, thinking that this is what makes us special or desirable to Him, but all these things are worthless in comparison to our identity in Christ. Sure, our accomplishments may be great, and God celebrates them too, but they do not qualify us "for" God's love, just as any good

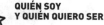
△

TU IDENTIDAD NO ES CUESTIÓN DE SENTIMIENTOS

Independientemente de cómo te sientas hoy, o de la situación que estés atravesando, o de quién piensen tus amigos que eres, o de lo que aparentes ser en alguna red social, tu identidad en Cristo es lo que define quién eres por toda la eternidad. Jesús murió y resucitó para el perdón de tus pecados, y al confiar en que ese regalo fue para ti, instantáneamente te convertiste en un hijo o hija de Dios (1 Juan 3:1) y te ganaste el derecho de ser evaluado según Jesús (Mateo 3:17).

Claro, luego de entender lo anterior, verás que no solo es importante conocer tu identidad, sino que también es importante vivir la vida sabiendo quién eres. ¿Cuándo fue la última vez que te miraste a ti mismo con la etiqueta de "hijo elegido y especial de Dios"? ¿Cuándo fue la última vez que tomaste una decisión con la confianza de haber sido escogido en su amor y su gracia?

TU IDENTIDAD EN CRISTO ES LO QUE DEFINE QUIÉN ERES POR TODA LA ETERNIDAD

Dios te creó a su imagen (Génesis 1:27). Dios hace obras maestras (Efesios 2:10), y tú eres una obra maestra de Dios, hecha por sus manos. ¡Escucha al Señor regocijándose en tu nueva identidad en Cristo, celebrando que aceptaste ser de su familia, y expresando cuánto te ama! (Sofonías 3:17).

Ahora bien, recibir estas verdades y recordarlas continuamente requiere humildad y confianza. Podemos llevar nuestros honores, medallas y logros ante Dios, pensando que eso es lo que nos hace especiales o deseables para Él, pero todas estas cosas no valen nada en comparación con nuestra identidad en

parent loves their children for who they are and not for what they do.

Achievements on earth do not add any value on our behalf in the eyes of God. His love for us is truly unconditional, because once we have our identity in Christ, we become who we really are: children of God.

So reread this list regularly (and mark the verses in your Bible) so that you are always reminded of your true identity. Take time to reflect on each of the truths about who you are and receive this precious gift with humility.

It is only through Jesus that we are these things. We did not earn them through our own efforts or merits, and losing them is not possible, since what we are cannot be changed. Therefore, we cannot boast of them, nor can we afford to forget them. What we can do is to take advantage of them! We can embrace them, rest in them, and hold our heads high in any circumstance, confident that, in the end, we will always be victorious in Christ.

And here's a bonus: When you see yourself as Christ sees you, others may begin to see you that way as well. If you are firm and confident in your identity in Him, your actions, your words, and your life will express this assurance. This will also give you new opportunities to share God's love with others, and Christ will be glorified in you and through you.

Remember who your Father says you are, for only in Him can you find your true identity. You are a son or daughter of the One True God, and that is worth celebrating!

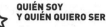
Cristo. Claro, nuestros logros pueden ser grandiosos, y Dios los celebra también, pero no nos califican "para" el amor de Dios, sino "desde" su amor, al igual que cualquier padre bueno ama a sus hijos por quiénes son y no por lo que hacen.

Los logros en la tierra no agregan ningún valor en nuestro nombre a los ojos de Dios. Su amor por nosotros es verdaderamente incondicional, porque una vez que tenemos nuestra identidad en Cristo, nos convertimos en quienes realmente somos: hijos de Dios.

Por eso, vuelve a leer esta lista con regularidad (y marca en tu Biblia las citas) de manera de tener siempre bien presente tu verdadera identidad. Tómate un tiempo para reflexionar sobre cada una de las verdades acerca de quién eres, y recibe este precioso regalo con humildad.

Es solo a través de Jesús que somos estas cosas. No las ganamos con nuestro esfuerzo ni con nuestros méritos, y perderlas es solo cuestión de sentimientos, ya que lo que somos no se puede modificar. Por eso, no podemos presumir de ellas, ni podemos darnos el lujo de olvidarlas. ¡Lo que sí podemos es aprovecharlas! Podemos abrazarlas, descansar en ellas y mantener la cabeza en alto en cualquier circunstancia, confiando en que, al final, siempre saldremos victoriosos en Cristo.

Y aquí hay un bonus track: cuando logres verte a ti mismo como Cristo te ve, es posible que otros empiecen a verte de esa manera también. Si estás firme y confiado en tu identidad en Él, tus acciones, tus palabras y tu vida expresarán esta seguridad. Esto te dará también nuevas oportunidades para compartir con otros el amor de Dios, y Cristo será a glorificado en ti y a través tuyo.

Recuerda quién dice tu Padre que eres, porque solo en Él puedes encontrar tu verdadera identidad. Eres un hijo o una hija del Único Dios Verdadero, ¡y eso vale la pena celebrarlo!

THEY CALL YOU

It's time to talk about a couple of important words, but first we have a question for you: How do you imagine yourself in the future?

Notice that the question is not "how do you imagine your future" but "how do you imagine *yourself* in the future."

Have you already answered the question in your mind? Well, now let's talk about the word "calling" and its first cousin "vocation."

YOUR VOCATION AND YOUR CALLING HAVE THE SAME ORIGIN: GOD

Many times, in Church we are taught that our vocation and our calling are two different things. That "calling" has to do with what we do inside the Church, and "vocation" has to do with what we do during the week to pay the bills. But that doesn't make sense because your vocation and your calling have the same origin: God.

What you long for deep down in your heart, and what you were so excited to dream about as a child, all of these things have to do with your divine calling, even if you still have no idea what you would like to study or what you would like to do with your future!

TE LLAMAN

Es hora de hablar de un par de palabras importantes, pero primero tenemos una pregunta para ti: ¿Cómo te imaginas en tu futuro?

Fíjate que la pregunta no es "cómo te imaginas tu futuro" sino "cómo te imaginas *a ti* en el futuro".

¿Ya la respondiste en tu mente? Bueno, ahora agregaremos a la conversación la palabra "llamado", y a su prima hermana la "vocación".

Muchas veces en las iglesias se da a entender que nuestra vocación y nuestro llamado son dos cosas distintas. Que "el llamado" tiene que ver con lo que hacemos dentro del templo, y que "la vocación" tiene que ver con lo que hacemos durante la semana para pagar las cuentas. Pero eso no tiene sentido, porque tu vocación y tu llamado tienen el mismo origen: Dios.

Aquello que anhelas en lo más profundo de tu corazón, eso que en tu niñez soñabas y te emocionaba tanto, todas esas cosas tienen que ver con tu llamado divino.

The apostle Paul wrote:

"For we are God's masterpiece. He has created us anew in Christ Jesus, so we can do the things he planned for us long ago." (Ephesians 2:10)

God did not make you for one thing and then call you to another. Whatever you discover to be your main contribution to humanity... that is your calling! (Even if it doesn't include Church or Church titles.)

A LEAP INTO THE FUTURE

HAVING A CLEAR DESTINATION WILL STREAMLINE YOUR MUSCLES TO MAKE THINGS HAPPEND

In the adult world, when we are taught about "how to succeed" in business or in life in general, it is often stressed that it is good to start with the end in mind. Starting with the end in mind means starting a task or project with a clear vision of what you want to achieve in the end. Having a clear destination will streamline your muscles to make things happen, and we believe that this can be done even if you have not yet chosen your career, because the vision should be that, whatever you are going to do, you will honor God and your family with your best effort.

Everything that we as Christians decide to do must have a clear purpose from God's point of view. You cannot be like a leaf in the wind, or like those people who only act guided by their emotions and feelings, or by fashions, or by what their friends will say on social media. Those who live reacting to

△

¡Incluso si todavía no tienes idea de qué te gustaría estudiar o qué te gustaría hacer con tu futuro!

El apóstol Pablo escribió:

"Somos creación de Dios, creados en Cristo Jesús para hacer las buenas obras que Dios de antemano ya había planeado". (Efesios 2:10)

Dios no te hizo para una cosa y luego te llama a otra. Lo que llegues a imaginarte como tu principal aporte a la humanidad... ¡ese es tu llamado! (Aunque no incluya templos ni títulos de iglesia).

UN SALTO AL FUTURO

En el mundo de los adultos, cuando se enseña sobre "cómo conseguir el éxito" en el ámbito de los negocios o en la vida en general, se suele insistir con que es bueno comenzar con el fin en mente. Comenzar con el fin en mente significa empezar una tarea o un proyecto con una visión clara de lo que deseas conseguir al final. Tener un destino claro agilizará tus músculos proactivos para hacer que las cosas sucedan, y nosotros creemos que eso se puede hacer aunque todavía no hayas definido tu

> **TENER UN DESTINO CLARO AGILIZARÁ TUS MÚSCULOS PROACTIVOS PARA HACER QUE LAS COSAS SUCEDAN**

carrera, porque la visión debe ser que, con lo que sea que vayas a hacer, honrarás a Dios y a tu familia con tu mejor esfuerzo.

Todo lo que decidimos hacer los cristianos debe tener un propósito claro desde el punto de vista de Dios. Tú no puedes

external circumstances without an internal plan that regulates those feelings and establishes where they are going will end up aimlessly wasting their opportunities and talents, and always living far below their potential.

Without clearly defined goals, we are just walking through life. Drifting. Fighting against imaginary windmills, and never moving forward.

So, if you haven't done this already, decide in your heart right now that you are someone with a calling. For starters, God called you so that other people can know that He is good! That's what this verse says:

"Even before he made the world, God loved us and chose us in Christ to be holy and without fault in his eyes. God decided in advance to adopt us into his own family by bringing us to himself through Jesus Christ. This is what he wanted to do, and it gave him great pleasure. So we praise God for the glorious grace he has poured out on us who belong to his dear Son." (Ephesians 1:4–6)

We all can and must find our place in the world by being part of the Church, the body of Christ of which we are members. In 1 Corinthians 12:7 it says that each of us is given a special manifestation of the Spirit for the good of others. Notice that it does not say it is for our good, although it certainly gives us satisfaction to know that we were created with a design to bless others. Therefore, we want to encourage you to focus on developing your spiritual life by helping others, and to get involved in as many things as possible, not only within your local Church but also outside of it. There are very few people willing to serve the needy in a shelter or gathering clothes to donate, and many people willing to serve on a stage. Of course, there is nothing wrong with getting on a stage, but pay close attention so that you can be sure that the exercise of your gifts and talents is truly at the service of others.

ser como una hoja al viento, o como esas personas que solo actúan guiadas por sus emociones y sentimientos, o por las modas, o por lo que dirán sus amigos en las redes. Quienes viven reaccionado a circunstancias externas sin un plan interno que regule esas sensaciones y establezca hacia dónde se dirigen, terminarán sin rumbo, malgastando sus posibilidades y talentos, y viviendo siempre muy por debajo de su potencial.

Sin metas definidas, estamos de paseo. A la deriva. En la rotonda. Luchando contra molinos de viento imaginarios, y sin progresar jamás.

Por eso, si no lo has hecho hasta ahora, define en tu corazón en este mismo instante que tú eres alguien con un llamado. Por empezar, ¡Dios te llamó a que otras personas puedan saber que Él es bueno! Eso es lo que dice este texto:

"Desde antes que formara el mundo, Dios nos escogió para que fuéramos suyos a través de Cristo, y resolvió hacernos santos y sin falta ante su presencia. Y nos destinó de antemano, por su amor, para adoptarnos como hijos suyos, por medio de Jesucristo, debido a su buena voluntad. Esto fue para que le demos la gloria a Dios por la extraordinaria gracia que nos mostró por medio de su amado Hijo". (Efesios 1:4-6)

Todos debemos y podemos encontrar nuestro lugar en el mundo siendo parte de la Iglesia, el cuerpo de Cristo del cual somos miembros. En 1 Corintios 12:7 dice que a cada uno se nos da una manifestación especial del Espíritu para bien de los demás. Nota que no dice que sea para nuestro bien, aunque ciertamente nos da satisfacción saber que fuimos creados con un diseño en mente para bendecir a otros. Por eso, queremos animarte a que te enfoques en desarrollar tu vida espiritual ayudando a otros, y a que te involucres en la mayor cantidad de cosas posibles, no solo dentro de tu iglesia local sino también fuera de ella. Hay muy pocas personas dispuestas a servir al necesitado en un albergue o preparando ropa para donar,

Look at this text in which Jesus explained what the day of judgment will be like:

"Then the King will say to those on his right, 'Come, you who are blessed by my Father, inherit the Kingdom prepared for you from the creation of the world. For I was hungry, and you fed me. I was thirsty, and you gave me a drink. I was a stranger, and you invited me into your home. I was naked, and you gave me clothing. I was sick, and you cared for me. I was in prison, and you visited me.'

"Then these righteous ones will reply, 'Lord, when did we ever see you hungry and feed you? Or thirsty and give you something to drink? Or a stranger and show you hospitality? Or naked and give you clothing? When did we ever see you sick or in prison and visit you?'

"And the King will say, 'I tell you the truth, when you did it to one of the least of these my brothers and sisters, you were doing it to me!'" (Matthew 25:34–40)

Notice that Jesus did not speak of those who taught in Sunday school, or about those who preached on platforms, or of those who sang with angelic voices, but of those who served the neediest. Do not be deceived. Although social media celebrates that someone has many "likes" and the world applauds the popularity, the stages, and the number of "followers" that a person has, what really makes the difference for Jesus is a heart full of mercy toward those who suffer.

Jesus taught in many ways, but His ministry was founded on His relationship with those who would change the world through the gospel and His witness of compassion and love for others.

△

y muchas personas dispuestas a servir desde un escenario. Claro que subirse a un escenario no tiene nada de malo, pero presta atención a que el ejercicio de tus dones y talentos esté verdaderamente al servicio de los demás.

Mira este texto en el que Jesús explicó cómo será el día del juicio:

"Entonces yo, el Rey, diré a los de mi derecha: 'Vengan, benditos de mi Padre. Entren al reino que está preparado para ustedes desde la fundación del mundo, porque tuve hambre y me dieron de comer; tuve sed y me dieron de beber; fui forastero y me alojaron en sus casas; estuve desnudo y me vistieron; enfermo y en prisión, y me visitaron'.

Y los justos me preguntarán: 'Señor, ¿cuándo te vimos con hambre y te alimentamos, o sediento y te dimos de beber? ¿Cuándo te vimos forastero y te alojamos en casa, o desnudo y te vestimos? ¿Y cuándo te vimos enfermo o en prisión y te visitamos?'.

Yo, el Rey, les responderé: 'Todo lo que hicieron a mis hermanos necesitados a mí me lo hicieron'". (Mateo 25:34-40)

Fíjate que aquí Jesús no habló de aquellos que enseñaron en la Escuela Dominical, ni de los que predicaron en plataformas, ni de los que cantaron con voces angelicales, sino de aquellos que sirvieron a los más necesitados. No te dejes engañar. Aunque las redes celebren que alguien tenga muchos "me gusta", y el mundo aplauda la popularidad, los escenarios, y la cantidad de "seguidores" que tiene una persona, lo que de verdad hace la diferencia para Jesús es un corazón lleno de misericordia hacia los que sufren.

Jesús enseñó de muchas maneras, pero su ministerio lo fundó en su relación con aquellos que cambiarían el mundo por medio del Evangelio y de su testimonio de compasión y amor al prójimo.

TWO KINDS OF REBELLION

Rebelliousness has a bad reputation. A lousy one. Still that reputation is undeserved because rebellion is not bad in essence. Just as fire is not bad, although it can burn you. Rebellion is good or bad depending on what we rebel against.

If you rebel against the bad, rebellion is good.

If you rebel against the good, rebellion is terrible.

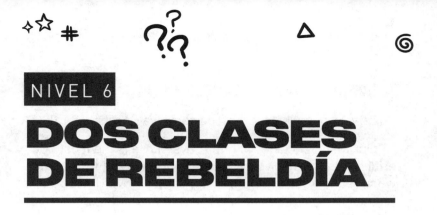

DOS CLASES DE REBELDÍA

La rebeldía tiene mala fama. Pésima. Pero esa fama es inmerecida, porque la rebeldía no es mala en esencia. Así como el fuego no es malo, aunque te pueda quemar. La rebeldía es buena o mala según contra qué nos rebelemos.

Si te rebelas contra lo malo, la rebeldía es buena.

Si te rebelas contra lo bueno, la rebeldía es ridícula.

LA REBELDÍA ES BUENA O MALA SEGÚN CONTRA QUÉ NOS REBELEMOS

TRES CONSEJOS VITALES

¿Sabes cuál es la manera más poderosa de rebelarte? ¡Amar!

Lucas Leys suele decir que "El amor es la fuerza más poderosa del universo porque Dios mismo es amor", y nosotros estamos de acuerdo. Con amor, por amor, y a través del amor, es posible acceder a lo que parecía inaccesible y provocar lo que parecía imposible.

¿Sabes lo que les sucede a las personas que desarrollan amor como un hábito del carácter? ¡Brillan! Así es. Ellos

THREE VITAL TIPS

Do you know what the most powerful way to rebel is? To love!

Our friend Lucas Leys often says, "Love is the most powerful force in the universe because God himself is love," and we agree. With love, for love, and through love, it is possible to access what seemed inaccessible and bring about what seemed impossible.

Do you know what happens to people who develop love as a character trait? They make a lot of "noise." They do. They positively affect others and change reality...and in today's world, nothing is more rebellious than that!

Now, contrary to what social media says and what TV series and many movies may tell you, love is not just a feeling, and it doesn't mean that we need to accept all of the attitudes or actions of people. But it does mean having compassion and grace for them.

Think about your parents, for example. If they love you, they say no when you want to do something that will hurt you. This proves that loving is not saying yes to everything a person does. That is why you have to learn to love well, and to rebel against what is wrong.

Here are three very valuable tips for you.

iluminan a otros y cambian la realidad... y en el mundo de hoy, ¡nada es más rebelde que eso!

Ahora bien, contrariamente a lo que puedan decirte las redes, las series y muuuchas películas, el amor no es solo un sentimiento, ni significa la aceptación de todas las actitudes o acciones de las personas. Pero sí es tener compasión y gracia para con ellas.

Piensa por ejemplo en tus padres. Si ellos te aman, te dicen que no cuando quieres hacer algo que te va a lastimar. Esto prueba que amar no es decirle que sí a todo lo que haga una persona. Por eso hay que aprender a amar bien, y a rebelarse contra lo que esté mal.

A continuación te daremos tres consejos muy valiosos que tienen que ver con este tema.

CONSEJO 1: AMA CON GRACIA

Amar a quien se lo merece es fácil. Eso es lo natural. Es lo que hacen todos. Pero amar incondicionalmente a quien no se lo merece... esa es otra historia.

Seguramente ya conoces este texto de la Biblia:

"Si hablo en lenguas humanas y angelicales, pero no tengo amor, no soy más que un metal que resuena o un platillo que hace ruido. Si tengo el don de profecía y entiendo todos los misterios y poseo todo conocimiento, y si tengo una fe que logra trasladar montañas, pero me falta el amor, no soy nada. Si reparto entre los pobres todo lo que poseo, y si entrego mi cuerpo para que lo consuman las llamas, pero no tengo amor, nada gano con eso.

TIP 1: LOVE WITH GRACE

Loving those who deserve it is easy. That's the natural thing to do. That's what everyone does. But to unconditionally love those who don't deserve it... that's another story.

We are sure that you already know this text from the Bible:

"If I could speak all the languages of earth and of angels, but didn't love others, I would only be a noisy gong or a clanging cymbal. If I had the gift of prophecy, and if I understood all of God's secret plans and possessed all knowledge, and if I had such faith that I could move mountains, but didn't love others, I would be nothing. If I gave everything I have to the poor and even sacrificed my body, I could boast about it; but if I didn't love others, I would have gained nothing.

"Love is patient and kind. Love is not jealous or boastful or proud or rude. It does not demand its own way. It is not irritable, and it keeps no record of being wronged. It does not rejoice about injustice but rejoices whenever the truth wins out. Love never gives up, never loses faith, is always hopeful, and endures through every circumstance.

"Prophecy and speaking in unknown languages and special knowledge will become useless. But love will last forever! Now our knowledge is partial and incomplete, and even the gift of prophecy reveals only part of the whole picture! But when the time of perfection comes, these partial things will become useless.

"When I was a child, I spoke and thought and reasoned as a child. But when I grew up, I put away childish things."

(1 Corinthians 13:1–11 NIV)

△

El amor es paciente, es bondadoso. El amor no es envidioso ni jactancioso ni orgulloso. No se comporta con rudeza, no es egoísta, no se enoja fácilmente, no guarda rencor. El amor no se deleita en la maldad, sino que se regocija con la verdad. Todo lo disculpa, todo lo cree, todo lo espera, todo lo soporta.

El amor jamás se extingue, mientras que el don de profecía cesará, el de lenguas será silenciado y el de conocimiento desaparecerá. Porque conocemos y profetizamos de manera imperfecta; pero cuando llegue lo perfecto, lo imperfecto desaparecerá. Cuando yo era niño, hablaba como niño, pensaba como niño, razonaba como niño; cuando llegué a ser adulto, dejé atrás las cosas de niño".

(1 Corintios 13:1-11, NVI)

Sí, sabemos que es probable que hayas leído y escuchado este texto decenas de veces (especialmente en casamientos), y por esa misma razón es que su gran significado y enseñanza han quedado "trillados".

Los matrimonios se divorcian, los empresarios estafan, los padres maltratan a sus hijos, los hijos abandonan a sus padres ancianos, el abuso verbal es cosa de todos los días tanto en el trabajo como en las familias... y sin darnos cuenta Satanás nos ganó la batalla.

Muchos dicen: "Es muy difícil tener el amor de ese texto. Es un amor perfecto, y si lo intento salgo perdiendo, porque todos los demás se aprovecharán de mí. ¿Para qué siquiera intentarlo?". En comentarios como este vemos que Satanás logró meter en nuestra mente y corazón el concepto de la ley de la selva: "El más fuerte es el que gana". Entonces la sensación generalizada es que a nadie le conviene amar a la manera de 1 Corintios 13, porque quedaría como un ser débil.

Yes, we know that you have probably read and heard this text dozens of times (especially in weddings), and that is why its great meaning and teaching may have become "trite."

Marriages break up, businessmen cheat, parents mistreat their children, children abandon their elderly parents, verbal abuse is a daily occurrence both at work and in families... and without realizing it, Satan has won the battle.

Many say: "It's very difficult to have the love described in that text. It is a perfect love, and if I try, I lose out because everyone else will take advantage of me. Why even try?" In comments like this we see that Satan managed to plant in our minds and hearts the concept of the law of the jungle: "The strongest is the one who wins." So, the general feeling is that it is not good for anyone to love in the way described in 1 Corinthians 13, because that would make you weak.

But the reality is different. God had a better plan for us.

In fact, 1 Corinthians 13 actually begins in chapter 12:31, with the phrase: ***"But now let me show you a way of life that is best of all."*** Paul had been talking about spiritual gifts and the function of each one within the Church as the body of Christ, and he had just said to "strive for the best gifts," giving encouragement to the people and opening the eyes of those who needed a high title, above all others, striving to be apostles. And at the end of chapter 12 he tells them: "there is way of life that is best." It is the way of Jesus: a selfless love seeking the good of others.

Make sure you notice what Paul is saying: If I speak with the tongues of men and of angels, and if I have prophecy, and understand all mysteries, and have all knowledge, and have great faith, and distribute what I have to the poor, and even if I give my own body, but have not love, I would gain nothing by all this. I would gain nothing because all these are resources and works in an imperfect world, which one day will cease to be, and these things will be unnecessary when we reach perfection!

Pero la realidad es otra. Dios tenía un mejor plan para nosotros.

De hecho, 1 Corintios 13 comienza en realidad en el capítulo 12:31b, con la frase: *"Ahora les voy a mostrar un camino más excelente"* (NVI). Pablo venía hablando de los dones espirituales y de la función de cada uno dentro de la Iglesia como cuerpo de Cristo, y acababa de decir que "procuren los mejores dones", dando entusiasmo a la gente y abriéndoles los ojos a quienes necesitaban un título alto, por encima de todos los demás, procurando ser apóstoles... Y al llegar al final del capítulo 12 les dice: "hay un camino más excelente". Es el camino de Jesús: un amor desinteresado buscando el bien de los demás.

Fíjate bien lo que está diciendo Pablo: que si yo hablara lenguas humanas y angelicales, y tuviera el don de profecía, y entendiera todos los misterios y poseyera todo el conocimiento, y si tuviera una fe enorme, y repartiera lo que tengo entre los pobres, y aun si entregara mi propio cuerpo, pero no tengo amor, no ganaría nada con todo eso. ¡No ganaría nada porque todos esos son recursos y obras en un mundo imperfecto, que algún día dejará de ser, y estas cosas serán innecesarias cuando lleguemos a la perfección!

En nuestra mente humana y carnal pensamos que dar ese amor perfecto es una locura. Pero Pablo nos enseña que la locura es darlo o tenerlo todo SIN tener ese verdadero amor.

Dios es amor. Esa es su esencia. Y si Dios está en nosotros, no podemos amar de otra manera que no sea como Dios ama. Como dice Juan:

"...Todo el que ama y es bondadoso da prueba de ser hijo de Dios y de conocerlo bien. El que no ama no conoce a Dios, porque Dios es amor". (1 Juan 4:7-8)

Dios no nos amó porque lo merecíamos. ¡Nos amó porque Él es amor! Por eso, amar como Dios nos amó es la obra

In our human mind, we think that to give that perfect love is madness. But Paul teaches us that true foolishness is to give it or have it all WITHOUT having that true love.

God is love. That is His essence. And if God is in us, we cannot love in any other way than as God loves. As John says:

GOD DID NOT LOVE US BECAUSE WE DESERVED IT, HE LOVED US BECAUSE HE IS LOVE!

"Anyone who loves is a child of God and knows God. But anyone who does not love does not know God, for God is love." (1 John 4:7–8)

God did not love us because we deserved it, He loved us because He is love! So, loving as God loved us is the work of the Holy Spirit within us. When we succeed in loving like this, we share Christ's perspective (how He sees people), we make his purposes known, and we succeed in treating our neighbor as God has treated us.

When all things pass away and we have perfect understanding of all things, the virtues that will remain, according to Paul, are faith, hope, and love. Faith in whom we believe. Hope that His promises are true. And love, which is God Himself in us and acting through us.

TIP 2: FORGIVE QUICKLY

"If you love only those who love you, why should you get credit for that? Even sinners love those who love them! And if you do good only to those who do good to you, why should you get credit? Even sinners do that much! And if you lend

del Espíritu Santo en nuestro interior. Cuando logramos amar así, compartimos la perspectiva de Cristo (cómo Él ve a las personas), ponemos en práctica sus propósitos, y

DIOS NO NOS AMÓ PORQUE LO MERECÍAMOS, ¡NOS AMÓ PORQUE ÉL ES AMOR!

logramos tratar a nuestro prójimo como Dios nos ha tratado a nosotros.

Cuando todo pase y tengamos entendimiento perfecto de todas las cosas, las virtudes que quedarán, según Pablo, son la fe, la esperanza y el amor. Fe en quien creímos. Esperanza en que sus promesas son verdaderas. Y amor, que es Dios mismo en nosotros y actuando a través nuestro.

CONSEJO 2: PERDONA RÁPIDO

"¿Qué mérito tienen ustedes al amar a quienes los aman? Aun los pecadores lo hacen así. ¿Y qué mérito tienen ustedes al hacer bien a quienes les hacen bien? Aun los pecadores actúan así. ¿Y qué mérito tienen ustedes al dar prestado a quienes pueden corresponderles? Aun los pecadores se prestan entre sí, esperando recibir el mismo trato. Ustedes, por el contrario, amen a sus enemigos, háganles bien y denles prestado sin esperar nada a cambio. Así tendrán una gran recompensa y serán hijos del Altísimo, porque él es bondadoso con los ingratos y malvados. Sean compasivos, así como su Padre es compasivo". (Lucas 6:32-36, NVI)

Amar a quien nadie más ama es una cosa, pero amar a quien alguna vez amamos y luego nos lastimó, ¡eso es mucho más difícil! Suena hasta injusto, ¿verdad? Hay historias que a

money only to those who can repay you, why should you get credit? Even sinners will lend to other sinners for a full return.

"Love your enemies! Do good to them. Lend to them without expecting to be repaid. Then your reward from heaven will be very great, and you will truly be acting as children of the Most High, for he is kind to those who are unthankful and wicked. You must be compassionate, just as your Father is compassionate." (Luke 6:32–36 NIV)

Loving those who no one else loves is one thing, but loving people whom we once loved and then hurt us? Well, that's much harder! It even sounds unfair, doesn't it? There are stories that we hear where revenge seems justified, stories that when we just hear them make us furious, or make us cry; how much more if we ourselves are part of the story!

FORGIVENESS IS A DECISION, NOT AN EMOTIONAL ACT

But remember this: God is our judge, and there is no better avenger than our heavenly Father (Romans 12:19). One day our offender will have to meet Him face-to-face, and not one of his offenses will be forgotten. As for us, what our Lord asks of us is not only to forgive those who have offended us, but to love them with His love. Not because they deserve it, but because we deserve it. Hatred and resentment are like a poison that is slowly ingested, that eats us up inside, that does not allow us to be full, that stagnates us and stops us. Those who do not forgive live full of resentment and bitterness, bad memories, and pain. That is why those who have been mistreated, tortured, abused, or abandoned cannot love fully without first forgiving those who hurt them.

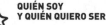
los ojos humanos realmente merecen venganza, historias que de solo escucharlas nos enfurecen, o nos hacen llorar. ¡Cuánto más si nosotros mismos somos los protagonistas!

Pero recuerda esto: Dios es nuestro juez, y no hay mejor vengador que nuestro padre celestial (Romanos 12:19). Un día nuestro ofensor tendrá que encontrarse con Él cara a cara, y no quedará en el olvido ni una de sus ofensas. En cuanto a nosotros, lo que nuestro Señor nos pide es no solo que perdonemos a quienes nos ofendieron, sino que los amemos con su amor. No porque ellos lo merezcan, sino porque nosotros lo merecemos. El odio y el rencor son como un veneno ingerido lentamente, que nos carcome por dentro, que no nos deja ser plenos, que nos estanca y nos detiene. El que no perdona vive lleno de rencor y amargura, malos recuerdos y dolor. Por eso, quien ha sido maltratado, torturado, abusado, o abandonado no logra amar plenamente sin primero perdonar a quien lo lastimó.

PERDONAR ES UNA DECISIÓN, NO UN ACTO EMOCIONAL

Perdonar es una decisión, no un acto emocional. Perdonamos con la voluntad, y luego podemos sentir el perdón en el corazón porque el perdonar da descanso al alma.

Por otra parte, a quien perdonamos puede afectarle o no nuestra decisión. Muchas veces perdonamos sin que la otra persona llegue a enterarse. Inclusive podemos necesitar perdonar a alguien que ya murió, o que no hemos visto por muchos años, o alguien de quien nunca supimos siquiera su nombre. Esto no importa porque perdonar no solo libera a la otra persona, sino que también nos hace libres a nosotros.

El perdón es gracia, es misericordia. Como Jesús nos enseñó en el Padre Nuestro:

Forgiveness is a decision, not an emotional act. We forgive with our will, and then we can feel forgiveness in our heart because forgiveness gives rest to the soul.

On the other hand, the person we forgive may or may not be affected by our decision. Many times, we forgive without the other person ever knowing it. We may even need to forgive someone who has died, or someone we have not seen for many years, or someone whose name we never even knew. This doesn't matter because forgiving not only sets the other person free, but also sets us free.

Forgiveness is grace, it is mercy. As Jesus taught us in the Lord's Prayer:

"Forgive us our sins as we have forgiven those who sin against us. . . . If you forgive those who sin against you, your heavenly Father will forgive you. But if you refuse to forgive others, your Father will not forgive your sins." (Matthew 6:12, 14–15)

We all have much to be forgiven by God for, and therefore it is necessary that we learn to give forgiveness to those who offend us so that we can be forgiven with that same grace!

In the passage from Luke 6 that we read earlier, Jesus' questions stand out: *"If you only love those who love you, why should you get credit for that? [...] And if you do good only to those who do good to you, why should you get credit?"* When we are hurt, we believe we have the right to respond and hurt the person who hurt us. The right to retaliate, or to respond aggressively. That's the easy way to act, and in some cases, it even seems to be the right thing to do. But Jesus reminds us that *"even sinners act like that."* We, as children of God must be different! We must love the undeserving, just as our God has loved us who were undeserving.

△

"Perdónanos nuestras deudas, como también nosotros hemos perdonado a nuestros deudores [...] Porque si perdonan a otros sus ofensas, también los perdonará a ustedes su Padre celestial. Pero si no perdonan a otros sus ofensas, tampoco su Padre les perdonará a ustedes las suyas". (Mateo 6:12,14-15)

¡Todos tenemos mucho por lo que ser perdonados por Dios, y por ello es necesario que aprendamos a otorgar perdón a quien nos ofende para que podamos ser perdonados con esa misma gracia!

En el pasaje de Lucas 6 que leímos antes, resaltan las preguntas de Jesús: "¿Qué mérito tienen ustedes al amar a quienes los aman? [...] ¿Y qué mérito tienen ustedes al hacer bien a quienes les hacen bien?". Cuando somos lastimados, creemos que tenemos el derecho a responder de la misma manera. Derecho a vengarnos, o a contestar agresivamente. Esa es la manera fácil de actuar, y en ciertos casos hasta tiene la apariencia de ser lo justo. Pero Jesús nos recuerda que "Aun los pecadores actúan así". ¡Los hijos de Dios debemos ser distintos! Debemos amar a quien no se lo merece, así como nuestro Dios nos ha amado a nosotros, que no lo merecíamos.

Otro aspecto importante a tener en cuenta es que habitualmente cuando hablamos del perdón pensamos en aquellos que tienen mucho que perdonar (abusos, maltratos, abandono, traiciones). Sin embargo, el ejercicio del perdón diario en cosas tanto grandes como pequeñas, ayuda a nuestra salud mental, física y espiritual.

Más adelante en Lucas 6, Jesús dijo:

"...amen a sus enemigos, háganles bien y denles prestado sin esperar nada a cambio. Así tendrán una gran recompensa y serán hijos del Altísimo, porque él es bondadoso con los ingratos y malvados. Sean compasivos, así como su Padre es compasivo. No juzguen, y no se les juzgará. No condenen, y

Another important aspect to keep in mind is that usually when we talk about forgiveness, we think of those who have a lot to forgive (abuse, mistreatment, abandonment, betrayal). However, the exercise of daily forgiveness in things both big and small helps our mental, physical, and spiritual health.

Later in Luke 6, Jesus said:

"Love your enemies! Do good to them. Lend to them without expecting to be repaid. Then your reward from heaven will be very great, and you will truly be acting as children of the Most High, for he is kind to those who are unthankful and wicked. You must be compassionate, just as your Father is compassionate. Do not judge others, and you will not be judged. Do not condemn others, or it will all come back against you. The amount you give will determine the amount you get back." (Luke 6:35–38)

By forgiving we bring about a change for both parties. The one whom we forgive has the opportunity to experience the grace that we are able to know in Christ. And we ourselves gain freedom for our soul, knowing that as we forgive we will be forgiven, the grace we give will be shown to us, and that we will receive a great reward from our heavenly Father.

May the forgiveness we receive from our God be the forgiveness we can grant from the heart!

TIP 3: DREAM WITH OTHERS

" Don't just pretend to love others. Really love them. Hate what is wrong. Hold tightly to what is good. Love each other with genuine affection, and take delight in honoring each other." (Romans 12:9–10)

We all have dreams and longings in our souls. What most don't have are people who take those dreams and give them

no se les condenará. Perdonen, y se les perdonará [...] Porque con la medida que midan a otros, se les medirá a ustedes". (Lucas 6:35-37, 38b, NVI)

Al perdonar provocamos un cambio en ambas partes. Aquel a quien perdonamos tiene la oportunidad de experimentar la gracia que nosotros pudimos conocer en Cristo. Y nosotros mismos ganamos libertad del alma, sabiendo que así como perdonamos se nos perdonará, que con esa misma medida de gracia se nos medirá, y que recibiremos una gran recompensa de nuestro Padre celestial.

¡Que el perdón que recibimos de nuestro Dios sea el perdón que podamos otorgar desde el corazón!

CONSEJO 3: SUEÑA CON OTROS

"El amor debe ser sincero. Aborrezcan el mal; aférrense al bien. Ámense los unos a los otros con amor fraternal, respetándose y honrándose mutuamente". (Romanos 12:9-10, NVI)

Todos tenemos sueños y anhelos del alma. Lo que la mayoría no tiene son personas que tomen esos sueños y les den tanta importancia como si fueran los suyos propios. Por eso, los mejores líderes son los que saben ser los número uno y ser los número dos. ¡Y eso funciona también para los amigos!

El corazón humano es egoísta y vanaglorioso, y no tiene por instinto natural el levantar y acompañar a otros, sino buscar su propio beneficio. Sin embargo, parte de la acción de amar involucra el levantar a otros. Si nunca has menguado para que brillen tus amigos, entonces no has sabido ser un buen amigo.

Juan el Bautista era conocido en su época por su función de predicar el evangelio del Reino, bautizando a la gente en el nombre del Padre para el perdón de los pecados. Eso era

as much importance as if they were their own. That's why the best leaders are the ones who know how to be number 1 in being number 2, and that works for friends too!

The human heart is selfish and vain, and its natural instinct is not to lift others up but to seek its own benefit. However, part of the act of loving involves the lifting up of others. If you have never shrunk back in order to make your friends shine, then you have not known how to be a good friend.

John the Baptist was known in his day for his function of preaching the gospel of the Kingdom, baptizing people in the name of the Father for the forgiveness of sins. That's what he did, that's why he had that nickname! Suddenly Jesus appeared, and He also started baptizing people. Many were worried about John, because now he "had competition!" Look at this conversation:

"So John's disciples came to him and said, 'Rabbi, the man you met on the other side of the Jordan River, the one you identified as the Messiah, is also baptizing people. And everybody is going to him instead of coming to us.' John replied, 'No one can receive anything unless God gives it from heaven. You yourselves know how plainly I told you, "I am not the Messiah. I am only here to prepare the way for him." It is the bridegroom who marries the bride, and the bridegroom's friend is simply glad to stand with him and hear his vows. Therefore, I am filled with joy at his success. He must become greater and greater, and I must become less and less.'" (John 3:26–30 NIV)

What a nice way for John to answer them! He knew who he was and what he had to do, and his answer came from a heart overflowing with the Holy Spirit, without a drop of envy or bad intentions.

Some time ago a married couple told us that one day their son Marcos came home from school with a great lesson on

△

lo que él hacía, ¡por eso tenía ese apodo! De pronto apareció Jesús, y también se puso a bautizar gente... Muchos se preocuparon por Juan, ¡porque ahora tenía "competencia"! Mira esta conversación:

> *"Aquellos fueron a ver a Juan y le dijeron: —Rabí, fíjate, el que estaba contigo al otro lado del Jordán, y de quien tú diste testimonio, ahora está bautizando, y todos acuden a él. —Nadie puede recibir nada a menos que Dios se lo conceda —les respondió Juan—. Ustedes me son testigos de que dije: 'Yo no soy el Cristo, sino que he sido enviado delante de él.' El que tiene a la novia es el novio. Pero el amigo del novio, que está a su lado y lo escucha, se llena de alegría cuando oye la voz del novio. Ésa es la alegría que me inunda. A él le toca crecer, y a mí menguar".* (Juan 3:26-30, NVI)

PARTE DE LA ACCIÓN DE AMAR INVOLUCRA EL LEVANTAR A OTROS

¡Qué lindo cómo les respondió Juan! Él sabía quién era y qué tenía que hacer, y su respuesta salió de un corazón rebosante del Espíritu Santo, sin una gota de envidia ni malas intenciones.

Hace un tiempo un matrimonio amigo nos contó que cierto día su hijo Marcos volvió de la escuela con una gran lección de liderazgo. Un compañero de clase había estado molestándolo durante varias semanas, desafiándolo y hasta amenazándolo con pegarle. Este niño, a quien llamaremos Pedro, lamentablemente había vivido cosas que nadie debería vivir y había aprendido que su reacción normal era la violencia. Marcos había lidiado con este chico sin decir nada, pero ese día todo había cambiado. Pedro, quien se había levantado inspirado a hacer el bien, con gusto había asistido a dos niñas durante la hora del almuerzo alcanzándoles cubiertos y ayudándolas con sus bebidas, y Marcos lo notó. Al regresar a la clase, Marcos

leadership. A classmate had been teasing him for several weeks, challenging him and even threatening to hit him. This boy, whom we will call Pedro, had unfortunately experienced things that no one should experience and had learned that violence was the correct reaction. Marcos had dealt with this boy without saying anything, but that day everything changed. Pedro, who had woken up inspired to do good, had gladly assisted two girls during lunchtime by reaching for silverware and helping them with their drinks, and Marcos noticed. Upon returning to class Marcos told the teacher that Pedro had been behaving very well that afternoon. The teacher generously congratulated Pedro and for the first time he received a reward for good behavior. To everyone's surprise Pedro went up to Marcos, hugged him, and said, "You made me better today." Strange as it sounds, those were his words. Marcos didn't make Pedro better, but he did highlight his good attitude and potential and that made Pedro feel like a winner. That afternoon they spent recess together and later, when he got home, Marcos told his parents: "Today I let Pedro be the leader in the game; he deserved it."

TO YIELD FIRST PLACE IS TO BE A GOOD LEADER

It's incredible how we can lift people up by just doing small things. From that day on, Marcos and Pedro played without fighting. They were not best friends, but they never again argued over leadership positions. To yield first place is to be a good leader. Often teens feel threatened by other teens. That's why they have a hard time giving up the spotlight or sharing friendships, and why they don't celebrate others' triumphs or let others shine, for fear of losing their own shine. But the exact opposite is true! Helping others shine makes you a better leader and a better person.

Notice that Jesus also lifted John up:

le contó a la maestra que Pedro había estado portándose muy bien aquel mediodía. La maestra con generosidad felicitó a Pedro y por primera vez recibió un premio por buen comportamiento. Para la sorpresa de todos Pedro se acercó a Marcos, lo abrazó y le dijo: "Hoy me hiciste ser mejor". Aunque suene raro, esas fueron sus palabras. Marcos no hizo que Pedro fuera mejor, pero sí resaltó su actitud y potencial, y eso hizo que Pedro se sintiera un ganador. Esa tarde compartieron el recreo y con compasión Marcos les dijo a sus padres: "Hoy dejé que Pedro sea el líder en el juego, se lo merecía".

Con qué poco podemos lograr levantar a quienes están a nuestro alrededor. Desde ese día Marcos y Pedro jugaron en paz. No fueron mejores amigos, pero nunca más discutieron por posiciones

CEDER EL PRIMER LUGAR ES SER UN BUEN LÍDER

de liderazgo. Ceder el primer lugar es ser un buen líder. Con frecuencia los adolescentes se sienten "amenazados" por otros adolescentes. Por eso les cuesta ceder el protagonismo o compartir las amistades, y por eso no festejan los triunfos de los demás ni dejan que brillen otros, por temor a perder su propio brillo. ¡Pero lo cierto es que ocurre exactamente lo contrario! Ayudar a que otros brillen te hace ser un mejor líder y una mejor persona.

Fíjate que Jesús también levantó a Juan:

Mientras se iban los discípulos de Juan, Jesús comenzó a hablarle a la multitud acerca de Juan: «¿Qué salieron a ver al desierto? ¿Una caña sacudida por el viento? Si no, ¿qué salieron a ver? ¿A un hombre vestido con ropa fina? Claro que no, pues los que usan ropa de lujo están en los palacios de los reyes. Entonces, ¿qué salieron a ver? ¿A un profeta? Sí, les digo, y más que profeta. Éste es de quien está escrito:

"As John's disciples were leaving, Jesus began talking about him to the crowds. 'What kind of man did you go into the wilderness to see? Was he a weak reed, swayed by every breath of wind? Or were you expecting to see a man dressed in expensive clothes? No, people with expensive clothes live in palaces. Were you looking for a prophet? Yes, and he is more than a prophet. John is the man to whom the Scriptures refer when they say, "Look, I am sending my messenger ahead of you, and he will prepare your way before you." I tell you the truth, of all who have ever lived, none is greater than John the Baptist.'" (Matthew 11:7–11)

What a compliment! Jesus said that John was the greatest among mortals! And what can we learn from the relationship between Jesus and John? That there are times when dreaming God's dreams for our brother, or our friend, or the leader "next door" is our role, and that rejoicing with them is a way of loving our neighbor as ourselves!

Now that we've shared these three tips with you, we want to tell you that we know it's not easy.

It is difficult to love someone who does not deserve it. It is difficult to love someone who does not love us or who has hurt us. It is difficult to love someone so much that we give them the first place instead of taking it ourselves.

It is difficult but not impossible.

Loving our neighbor as ourselves shows character and inner beauty.

And doing this is part of your identity in Christ. Try it today!

'Yo estoy por enviar a mi mensajero delante de ti, el cual preparará tu camino.' Les aseguro que entre los mortales no se ha levantado nadie más grande que Juan el Bautista». (Mateo 11:7-11, NVI)

¡Qué halago! ¡Jesús dijo de Juan que era el más grande entre los mortales! ¿Y qué podemos aprender nosotros de la relación entre Jesús y Juan? Que hay momentos en que soñar los sueños de Dios para nuestro hermano o nuestro amigo o el líder "de al lado" es nuestro rol, ¡y que alegrarnos con ellos es una manera de amar a nuestro prójimo como a nosotros mismos!

Ahora que ya compartimos contigo estos tres consejos, queremos decirte que sabemos que no es fácil.

Es difícil amar a quien no se lo merece. Es difícil amar a quien no nos ama o a quien nos ha hecho daño. Es difícil amar tanto a alguien como para cederle el primer lugar en vez de tomarlo nosotros.

Es difícil pero no es imposible.

Amar a nuestro prójimo como a nosotros mismos muestra nuestro carácter y belleza interior.

Y hacerlo es parte de tu identidad en Cristo. ¡Inténtalo a partir de hoy!

PART 3: GETTING ACTIVE

Look for a photo of yourself when you were years 5 years old. I'm sure you have one at home. Maybe you can only find one on your phone or computer. In that case, print it out if you can. Now comes the weird part. You need a private place to talk to the photo. What? Yes, you read that right. You need to look that little person in the eye and tell them that they can rest assured that they are going to get to the age you are now and that everything is going to be okay.

After you do that, listen. Let the little person in your photo talk to you. Listen to him or her, for example, remind you that back then you didn't care about being popular, and you didn't care what brand of clothes you wore. You weren't even aware of what the world considered "valuable" or "important." You just wanted to have a good time! To you, a small, specially shaped rock you found on the way home was just as valuable as a diamond. Besides, you were great at so many things! In fact, if someone asked you if you could sing well, you said yes. If they asked you if you could act, you said yes. If they asked you if you could run fast, you said yes, you were fast as lightning! And jump really high? Well, that's right too! You had a lot of dreams, and everything, or at least almost everything, seemed possible.

PARTE 3: ACTIVÁNDOTE

Busca una foto tuya de cuando tenías 5 años. Seguro que en tu casa habrá alguna. Tal vez solo encuentras una en el teléfono o en la computadora. En ese caso, imprímela si puedes. Y ahora viene lo raro. Necesitas un lugar privado para hablarle a la foto. ¿Qué? Sí. Leíste bien. Tienes que mirar a esa persona pequeña a los ojos y decirle que puede tener la seguridad de que va a llegar a la edad que tú tienes ahora y que todo va a estar bien.

Luego de hacer eso, escucha. Deja que la personita en tu foto te hable. Escúchale, por ejemplo, recordarte que en esa época no te importaba ser popular, y te daba lo mismo la marca de ropa que usaras. Ni siquiera eras demasiado consciente de lo que el mundo consideraba "valioso" o "importante". ¡Solo querías pasarla bien! Para ti era igual de valiosa una pequeña roca con alguna forma especial que habías encontrado en el camino a casa, que un diamante. Además, ¡eras genial para tantas cosas! De hecho, si alguien te preguntaba si sabías cantar bien, le decías que sí. Si te preguntaban si sabías actuar, decías que sí. Si te preguntaban si corrías velozmente, respondías que sí, ¡que eras veloz como un rayo! ¿Y saltar muy alto? ¡Pues también! Tenías un montón de sueños, y todo, o al menos casi todo, te parecía posible.

Do you remember those feelings now? Well, you should definitely get some of them back, because you are still that person even though you now have knowledge that you didn't have before.

In fact, go back and talk to that little person and tell them that you care about them, and that you will take care that they can fulfill their dreams and have a good time even when they are older....

Before I was cool..

¿Recuerdas ahora esos sentimientos? Bueno, definitivamente debes recuperar algunos de ellos, porque tú sigues siendo esa persona aunque ahora tengas información que antes no tenías.

De hecho, vuelve a hablarle a esa personita y dile que él o ella te importan, y que vas a encargarte de que pueda cumplir sus sueños y pasarla bien incluso cuando sea más grande...

WE ARE ALL REJECTED

Arturo was the big kid at school, although he was not as tall as his father, or at least not yet. Arturo was very burly, and he always made sure that the other boys had respect for him. One of his ways of making people admire him was to always have a girlfriend (or have everyone think he had one), and if you had known his father, you would have thought that Arturo was just a "mini" version of him.

One time, Arturo and one of the other school bullies had stood at the bottom of the stairs and started pushing all the boys who wanted to get past them, and saying rude things to the girls, until one of the teachers (let's call him Mr. Lugo), who had known Arturo since he was a little boy, called them into his office. They were expecting a big lecture and punishment, but Mr. Lugo just stared at them for a long time without saying anything. (Did you know that one way to make someone nervous is to stare at them without saying anything?) Then he looked Arturo in the eye and said, "I know you don't have the best relationship with your parents, and you probably think they don't like you very much. But I know you're better than this. You don't need to be bullying the other kids into respecting you. I believe in you,

TODOS SOMOS RECHAZADOS

Arturo era el chico grandote de la escuela, aunque no era tan alto como su padre, al menos no todavía. Arturo era muy corpulento, y siempre se aseguraba de que los otros chicos le tuvieran respeto. Una de sus maneras de provocar admiración era siempre tener alguna novia (o que todos creyeran que la tenía), y si hubieras conocido a su padre, hubieras pensado que Arturo era simplemente una copia en versión "mini".

En esta ocasión, Arturo y otro de los matones de la escuela se habían acomodado al pie de la escalera y comenzaron a empujar a todos los muchachos que quisieran pasar por ahí, y a decirles cosas groseras a las chicas, hasta que uno de los maestros (llamémoslo "Sr. Lugo"), que conocía a Arturo desde pequeño, los llamó a los dos a su oficina. Ellos se esperaban un gran reto y un castigo, pero el Sr. Lugo primero los observó

¿Cómo se supone que me debo sentir?

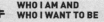
and I want you to start believing that you can be a better person than your father."

Arturo began to cry, and so did his friend. It became clear that Arturo felt rejected by his father, and that his desire to impress him to win his approval was causing him to do something bad.

You may not know it, but that's just the way it is—even the most popular bad boy or girl in school struggles with feelings of rejection! In fact, everyone at some point in life struggles with these kinds of feelings, because there's no way to please everyone all the time.

So, what can we do?

YOUR BODY, REJECTION, AND EXAGGERATED IDEAS

The truth is that we all experience some kind of rejection during adolescence. And sure, not all rejection feels as strong as rejection by a parent, but we all hurt when we are rejected by peers and friends, and in particular we are *terrified* of being rejected by the opposite sex. (That's why some people reject the opposite sex to avoid being rejected, as a clumsy, unconscious defense mechanism.)

What we want to tell you is that you are not a freak. During our teenage years, all of us earthlings suffered nervous breakdowns when talking to someone of the opposite sex, and we all blushed when being watched by others. We all had pimples, and we all felt our armpits sweating gallons and gallons of salt water as if from the dead sea.

Remember a few pages ago we talked about how sometimes your friends tell you lies without really knowing they are lies? Well, here is a list of several lies that you may have told

fijamente por un buen rato sin decir nada (¿sabías que una manera de lograr que alguien se ponga nervioso es mirarlo fijamente sin decirle nada?). Luego miró a Arturo a los ojos y le dijo: "Yo sé que no tienes la mejor relación con tus padres, y que probablemente creas que ellos no te aprecian demasiado. Pero yo sé que tú eres mejor que esto. No necesitas estar intimidando a los otros chicos para que te respeten. Yo creo en ti, y quiero que comiences tú a creer que puedes ser mejor persona que tu padre".

Arturo se puso a llorar, y su compañero también... Y así salió a la luz que Arturo se sentía rechazado por su padre, y que su deseo de impresionarlo para ganarse su aprobación hacía que lo imitara en algo malo.

Tú tal vez no lo sepas, pero es así. ¡Aun el chico malo o la chica más popular de la escuela luchan con sentimientos de rechazo! De hecho, todos en algún momento de la vida luchamos con este tipo de sentimientos, porque no hay manera de agradarle a todo el mundo todo el tiempo.

Entonces, ¿qué podemos hacer?

TU CUERPO, EL RECHAZO E IDEAS EXAGERADAS

La verdad sincera es que todos experimentamos algún tipo de rechazo durante la adolescencia. Y claro, no todos los rechazos se sienten tan fuerte como el rechazo de un padre o una madre, pero a todos nos duele ser rechazados por compañeros y amigos, y en particular tenemos *terror* de ser rechazados por el sexo opuesto (por eso algunos rechazan al sexo opuesto antes de exponerse a sentirse rechazados, como un torpe e inconsciente mecanismo de defensa).

yourself, or that some of your friends may have told you without meaning to. (Don't get mad.... People do it because they believe them too.)

Here is the list (and, of course, we will try to reveal the truth behind them one by one).

Lie 1: You are the only person who has been rejected.

This is obviously a lie because, as we have already said, we have all been rejected at one time or another. The dangerous thing about this lie is that it makes you feel sorry for yourself and feel like you are "less than" others. What this lie encourages you to do is exaggerate your feelings, convincing yourself that everything is worse than it really is. You will feel that you are sadder than you really are, or more anxious than you really are. Lonelier than you really are. Uglier than you really are. Poorer than you really are, and more _____ (you can add your worst adjective here) than you really are. All this is really just a matter of comparisons, and that's why you must remember that you are not the only person who has been rejected, and that the stage you are in now is passing. Yes! As difficult as your adolescence is, it is just a stage, and in the following ones you will gain new friends and you will have a lot of wonderful things to discover.

> **AS DIFFICULT AS YOUR ADOLESCENCE IS, IT IS JUST A STAGE**

Lie 2: You must be afraid of rejection.

Lie 2 is related to lie 1 but it is not the same, because instead of making you suffer for what has already happened, this lie makes you feel fear of what might happen in the future. So, it is twice as stupid (because it produces suffering for something that

Lo que queremos decirte es que no eres un bicho raro. Durante nuestros años de adolescencia, todos los terrícolas sufrimos ataques de nervios al hablarle a alguien del sexo opuesto, y todos nos pusimos colorados al ser observados por otros. Todos tuvimos granitos (o granotes), y todos sentimos cómo nuestras axilas transpiraban litros y litros de agua salada como la del Mar Muerto.

¿Recuerdas que hace unas páginas hablamos de que a veces tus amigos te dicen mentiras sin realmente saber que son mentiras? Bueno, aquí te damos una lista de varias mentiras que tal vez tú te hayas dicho a ti mismo, o que posiblemente algunos de tus amigos te hayan dicho sin querer (no te enojes... Piensa en que lo hacen porque ellos también se las creen).

Aquí va la lista (y, por supuesto, nos dedicaremos a desenmascararlas una por una):

Mentira 1: Tú eres la única persona que ha sido rechazada.

POR MÁS DIFÍCIL QUE SEA TU ADOLESCENCIA, ES SOLO UNA ETAPA

Esta es obviamente una mentira porque, como ya dijimos, todos hemos sido rechazados alguna vez. Lo peligroso de esta mentira es que te hace sentir lástima de ti mismo e inferior a los demás. Te hace exagerar tus sentimientos, y te convence de que todo es peor que lo que realmente es. Sientes que estás más triste de lo que estás, o más ansioso de lo que estás, o más solo, o más feo, o más pobre, o más _____ (puedes agregar tu peor adjetivo aquí). Todo esto es solo una cuestión de comparaciones; por eso, debes recordar que no eres la única persona que ha sido rechazada, y que la etapa en la que te encuentras ahora es pasajera. ¡Sí! Por más difícil que sea tu adolescencia, es solo una etapa, y en las siguientes ganarás

has not happened), but it is also very dangerous because it will make you act with fear, and it will whisper in your ear that you should always expect the worst from people.

Instead of being afraid of rejection, what you must remember is that it's normal to be rejected sometimes, and what you have to do is not let it affect you. How? By being convinced of what you know about who you really are, and what your true value is.

Lie 3: Your priority should be that people not reject you.

It is true that no one likes to feel rejected, and we all prefer to avoid it, but avoiding rejection should not be the priority of any confident, thinking person. This lie is dangerous because those who believe this end up being slaves to the opinion of others and are then very easy to manipulate, thus becoming so changeable that they are likely to lose their true friends, who were precisely the ones worth keeping.

Lie 4: When it comes to finding a partner, the only thing that matters is how you look.

This lie is extra dangerous because it is very popular on social media. Do whatever it takes to come out prettier in the photo, or you will be rejected! (Maybe you know some girl who posted a photo on her social media and out of 20 who told her she looked pretty, one told her she was ugly, and she just focused on that comment and started crying!)

Of course, physical appearance is seen by everyone, but superficial and very immature people only see that. So, you may not be the most attractive person "at first glance," but you can certainly win over someone worthwhile with other characteristics that you already have or can develop.

In the meantime, remember that you are growing, and your body is changing. Over time you will learn how to choose clothes and things that feel good on you. But what you should

nuevos amigos y tendrás un montón de cosas maravillosas por descubrir.

Mentira 2: Debes tenerle miedo al rechazo.

La mentira 2 está relacionada con la mentira 1 pero no es igual, porque en lugar de hacerte sufrir por lo que ya pasó, esta mentira te hace sentir temor por lo que pudiera ocurrir en el futuro. Así que es el doble de tonta (porque produce sufrimiento por algo que no sucedió). Además, es muy peligrosa porque te va a hacer actuar con miedo, y te va a decir al oído que siempre esperes lo peor de las personas.

En lugar de tenerle miedo al rechazo, lo que tienes que recordar es que es normal ser rechazados a veces, y que debes lograr que eso no te afecte. ¿Cómo? Afirmándote en lo que sabes acerca de quién eres en realidad, y de cuál es tu verdadero valor.

Mentira 3: Tu prioridad debe ser que las personas no te rechacen.

Es cierto que a nadie le gusta sentirse rechazado y que todos preferimos evitarlo, pero evitar el rechazo no debe ser la prioridad de ninguna persona segura y pensante. Esta mentira es peligrosa porque quienes creen esto terminan siendo esclavos de la opinión de los demás y entonces son muy fáciles de manipular... con lo cual se vuelven tan cambiantes que probablemente pierdan a sus verdaderos amigos, que eran precisamente aquellos con los que valía la pena conservar.

Mentira 4: A la hora de conseguir pareja, lo único que importa es cómo te ves.

Esta mentira es súper peligrosa porque tiene mucha publicidad en las redes. ¡Haz lo que sea por salir más bonita en la foto o serás rechazada! (Quizás conozcas a alguna chica que puso una foto en sus redes y luego, de entre veinte que le dijeron

always keep in mind is that it's more important to develop your inner self, because the people who will really love you will notice that, not your physical appearance.

Lie 5: If you don't have a boyfriend or girlfriend as soon as possible... you will always be rejected, and you won't ever get one.

This lie is extremely foolish for several reasons. First of all, because you likely have more than 50 years of life ahead of you, and in that time, you will have plenty of opportunities to have a boyfriend or girlfriend. Second, because those people who are now making you feel the pressure to urgently get a boyfriend or girlfriend will no longer be in your life in a couple of years. Yes, as surprising as it may seem to you to think about it, once you're out of your teens you'll have a lot of different friends! So why let yourself be guided by people who won't be part of your life in the long term?

Lie 6: Males have no emotions.

Men cry, are ashamed, doubt, and feel fear and sadness just as women do. The problem is that culture doesn't always give them permission to do so, and that's wrong. Let's stop spreading this lie! And if someone comes to you and says that "men don't cry," tell them that Jesus cried, and see if they know how to answer that!

que era linda, uno le dijo que era fea, ¡y ella entonces se enfocó solo en ese comentario y se puso a llorar!).

Claro que la apariencia física es notada por todos, pero solo las personas superficiales y muy inmaduras se quedan con la primera mirada. Así que es posible que no seas la persona más atractiva "a primera vista", pero con muchísima seguridad podrás conquistar a alguien que valga la pena en base a otras características que ya tienes o que puedes desarrollar.

Mientras tanto, recuerda que estás creciendo y que tu cuerpo está cambiando. Con el tiempo irás aprendiendo cómo elegir la ropa y cosas que te queden bien. Pero lo que debes tener siempre presente es que es más importante cultivar tu interior, porque las personas que realmente te amarán se fijarán en eso, y no en tu apariencia física.

Mentira 5: Si no tienes novio o novia cuanto antes... pronto llegará el rechazo y ya no conseguirás nada.

Esta mentira es extremadamente tonta por varias razones. Primero que nada, porque aún tienes más de cincuenta años de vida por delante, y en todo ese tiempo tendrás muchísimas oportunidades de tener novio o novia. Segundo, porque esas personas que ahora te hacen sentir esa presión por conseguir urgentemente un novio o novia, ya no estarán en tu vida dentro de un par de años. ¡Sí, aunque te resulte sorprendente pensarlo, una vez que salgas de la adolescencia tendrás un montón de amigos diferentes! Entonces, ¿por qué dejarte guiar por personas que no formarán parte de tu vida ni a mediano ni a largo plazo?

Mentira 6: Los varones no tienen emociones.

Los varones lloran, se avergüenzan, dudan y sienten miedo y tristeza al igual que las mujeres. El problema es que la cultura no siempre les da permiso para hacerlo, y eso está mal. Por eso, ¡no sigamos perpetuando esta mentira! Y si alguien te viene

Lie 7: Guys find girls attractive only if they dress provocatively.

Although there are those who say this to make themselves sound "very macho," the reason why men find a girl attractive is virtually never about the clothes. Clothes being attractive may draw initial attention, but it's not the reason why someone falls in love with someone else. (In fact, if this were the reason why someone falls in love with you, it wouldn't really be a very good reason, would it?)

Okay, mission accomplished. We have managed to unmask seven lies that had the potential to do you great harm. Why? Because believing lies makes you a slave. On the contrary, knowing the truth sets you free.

"And you will know the truth, and the truth will set you free." (John 8:32)

What will you do with your new freedom?

Do you have a friend who needs to hear these truths too? Why not share them with them?

△

con eso de que "los hombres no lloran", contéstale que Jesús lloró, y fíjate a ver si sabe qué responderte...

Mentira 7: Los chicos encuentran a las chicas atractivas solo si ellas se visten de manera provocativa.

Aunque haya quienes digan esto para hacerse los muy "machos", la razón de por qué los hombres encuentran atractiva a una chica casi nunca está en relación con la ropa. La ropa atractiva puede llamar la atención inicialmente, pero no es el motivo fundamental por el que alguien se enamore de otra persona (de hecho, si este fuera el motivo por el que alguien se enamorara de ti, no sería realmente un muy buen motivo, ¿verdad?)

Muy bien, misión cumplida. Hemos logrado desenmascarar siete mentiras que tenían el potencial de hacerte mucho daño. ¿Por qué? Porque creer en mentiras te hace esclavo. Por el contrario, conocer la verdad te hace libre.

"...conocerán la verdad, y la verdad los hará libres". (Juan 8:32)

¿Qué harás ahora con tu nueva libertad?

¿Tienes algún amigo o amiga que necesite escuchar también estas verdades? ¿Por qué no se las compartes?

NO MASKS OR COSTUMES

There are some fads or fashions that create pain, shame, and broken family relationships, such as violence, or the occult, or sexual confusion. All these fads are bad.

However, there are other fashions that could be considered "neutral." That is, they can be liked or disliked by someone, and be appropriate or convenient for some people and places, and not for others.

In any case, what is clear is that your identity will never be certain if it depends on a fashion choice (the clothes you wear, the shoes you wear, or your accessories or the way you style your hair).

Think about this: What are the characteristics of your life that you would like to highlight? What values do you feel are worth celebrating?

For example, if you are not already doing so, in the next few years many boys

NI MÁSCARAS NI DISFRACES

Hay algunas modas que promueven cosas que traen dolor, vergüenza y relaciones familiares rotas, como la violencia, lo oculto o la confusión de sexos. Todas esas modas son malas.

Sin embargo, hay otras modas que podrían considerarse "neutras". Es decir, que pueden gustarle o no a alguien, y ser apropiadas o convenientes para algunas personas y lugares, pero no en todos los casos.

De todas maneras, lo que es claro es que tu identidad nunca estará segura si depende de una moda (de la ropa que te pongas, del calzado que uses o de tus accesorios o la manera de peinarte).

Piensa en esto:

¿Cuáles son las características de tu vida que te gustaría destacar? ¿Qué valores te parecen dignos de celebrar?

Por ejemplo, si es que no lo están haciendo aún, en los próximos años muchos chicos y chicas de tu edad comenzarán a seguir a alguna celebridad. Ellos te jurarán que quieren ser originales y que no buscan imitar a nadie, pero tú notarás que empiezan a usar la misma vestimenta o accesorios que usan esos artistas (sin detenerse a pensar que los artistas usan esas cosas precisamente para venderle productos a....

YOUR IDENTITY WILL NEVER BE SAFE IF IT DEPENDS ON A FASHION CHOICE

and girls your age will start following celebrities. They will tell you that they want to be authentic and that they are not looking to imitate anyone, but you will notice that they start wearing the same clothes or accessories that these celebrities wear (without stopping to think that celebrities use these things precisely to sell products to teenagers who are not yet sure about their identity).

Is there anything wrong with wearing the same clothing or accessories worn by celebrities?

Well, not in and of itself (unless it promotes some of the things we mentioned earlier, like celebrating violence, hatred, confusion, or sexual disorder, for example).

Yet why would you want to do it? What would you gain? That's the first question you need to be able to answer.

And then you have to think about other people. Does this fad or fashion offend your parents, your teachers, other adults?

Did you know that when you go to your friends' house, that's where their parents live too? You may find it hard to believe today, but your friends' parents and schoolteachers (to name a few adults in your life) are all humans just like you. They think and feel! And you may think they shouldn't care about your fashion choices, but we can assure you they do, and your fashion choices count when they decide whether they want their kids to spend time with you or when they give you grades in school.

Do you hate reading this? We can understand, but we think you're smart and deserve to know.

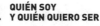

adolescentes que todavía no están seguros respecto de su identidad).

¿Tiene algo de malo usar alguna ropa o accesorio que usan las celebridades?

Bueno, no en sí mismo (a menos que cumpla con alguna de las cosas que mencionamos primero, como celebrar la violencia, el odio, la confusión o el desorden sexual, por ejemplo).

TU IDENTIDAD NUNCA ESTARÁ SEGURA SI DEPENDE DE UNA MODA

Pero, ¿por qué vas a querer hacerlo? ¿Qué ganarías? Esa es la primera pregunta que debes poder responder en tu interior.

Y luego hay que pensar en otras personas. Esta "moda", ¿ofende a tus padres? ¿A tus profesores? ¿A otros adultos?

¿Sabías que cuando vas a la casa de tus amigos, ahí viven sus padres también? Hoy puede que te cueste creerlo, pero los padres de tus amigos y los profesores de la escuela (por mencionar a algunos adultos en tu vida) son todos homo sapiens al igual que tú. ¡Ellos piensan y sienten! Y tú podrás creer que no deberían importarles tus modas, pero te aseguramos que sí les importan y que tus modas cuentan cuando deciden si quieren que sus hijos pasen tiempo contigo o cuando te ponen notas en la escuela.

¿Odias leer esto? Lo podemos entender, y te pedimos perdón, pero creemos que tú eres inteligente y que mereces saberlo.

THE MOST SECURE IDENTITY

Remember this: comparison is always your enemy. Actually, it is a thief, because it robs you of the joy of what you already have.

Our personal identity is one of the most important things we must discover and defend. Knowing who we are, what excites us, what makes us laugh, what makes our hair stand on end,

OUR PERSONAL IDENTITY IS ONE OF THE MOST IMPORTANT THINGS WE MUST DISCOVER AND DEFEND

what brings us real joy... these are all fundamental things, because they are part of our essence. That's why this understanding affects everything else, and that's why it's so much more important than the clothes you wear or the music you listen to.

Our personal identity affects how we view life, how we deal with conflict, who we choose to be our friends, and even how we will one day choose our partner.

When you are asked "Who are you?" you naturally answer with your name, your age, you may mention what grade you are in at school, or some hobby you have, or perhaps the place where you grew up, depending on who the information is for. But it is time for you to take ownership of your identity in Christ, because that is where you have the best foundation for defining everything else!

If you think about it, your identity doesn't depend on your hair color or your body shape, let alone any costume or mask you choose to wear. It's time to be honest: Have you ever let

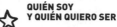
LA IDENTIDAD MÁS SEGURA

Recuerda esto: la comparación siempre es tu enemiga. En verdad, es una ladrona, porque te roba la alegría de lo que ya tienes.

Nuestra identidad personal es una de las cosas más importantes que debemos conocer y defender. Saber quiénes somos, lo que nos emociona, lo que nos hace reír, lo que nos pone los pelos de punta de los nervios, lo que nos trae verdadera alegría... todas esas son cosas fundamentales, porque son parte de nuestra esencia. Por eso, esta comprensión afecta a todo lo demás, y por eso es muchísimo más importante que la ropa que uses o la música que escuches.

> **NUESTRA IDENTIDAD PERSONAL ES UNA DE LAS COSAS MÁS IMPORTANTES QUE DEBEMOS CONOCER Y DEFENDER**

Nuestra identidad personal afecta cómo vemos la vida, cómo lidiamos con los conflictos, a quiénes elegimos para que sean nuestros amigos, e incluso cómo elegiremos algún día a nuestra pareja.

Cuando te preguntan "¿Quién eres?", naturalmente respondes con tu nombre, tu edad y en todo caso mencionas en qué grado de la escuela estás, o algún pasatiempo que tienes, o quizás el lugar en el que creciste, según para quien sea la información. Pero llegó la hora de que bien adentro tuyo decidas apropiarte de tu identidad en Cristo, ¡porque allí tienes la mejor base para definir todo lo demás!

other people define you, or have you given them the power to tell you who you are and who you are not? Or have you ever tried to put on a fashionable mask or a disguise of someone you are not? Don't worry. We all tried it at your age. But now it's time to know the truth and hold on to it so you can grow up.

God, the surest source and the wisest and most loving person in the universe, has already defined you in His perfect Son, Jesus. Never forget what your identity in Christ is! Those who do not understand this live chasing after meaningless earthly possessions, and engaging in sinful experiences to "find themselves," to try to fit in, to try to "be cool" in the sight of others. So, they live full of anxiety, because deep down they are trying to define something as important as personal identity based on opinions, people, things, and sensations that are totally momentary.

Your true identity is hidden in a much more precious place that never changes, because that place is actually a person, and that identity is eternal.

If you have truly decided to follow Jesus, then you are no longer part of this sin-filled world, and these verses are for you:

"My old self has been crucified with Christ. It is no longer I who live, but Christ lives in me. So I live in this earthly body by trusting in the Son of God, who loved me and gave himself for me." (Galatians 2:20)

"This means that anyone who belongs to Christ has become a new person. The old life is gone; a new life has begun!" (2 Corinthians 5:17)

Now, here's a tough question: Why do we, who have been called by our heavenly Father to be part of His family, try so hard to fit in and get approval from a world that we are no longer part of? The truth is that we will never get full approval from the world because here's the hard truth: If you have decided to

△

Si lo piensas bien, tu identidad no depende de tu color de cabello o de la forma de tu cuerpo, y menos que menos tiene que ver con algún disfraz o máscara que decidas ponerte. Llegó la hora de ser sinceros. ¿Has permitido que otras personas te definan, o les has dado el poder de decirte quién eres y quién no? ¿O has intentado alguna vez ponerte alguna máscara que estaba de moda, o algún disfraz de alguien que no eres? Ten calma. Todos lo intentamos alguna vez a tu edad. Pero ahora es tiempo de conocer la verdad y de aferrarte a ella para poder madurar.

Dios, la fuente más segura y la persona más sabia y amorosa del universo, ya te ha definido en su Hijo perfecto, Jesús. ¡Nunca olvides cuál es tu identidad en Cristo! Quienes no entienden esto viven persiguiendo posesiones terrenales sin sentido, y participando de experiencias pecaminosas para "encontrarse a sí mismos", para tratar de encajar, para tratar de ser "geniales" a la vista de los demás. Así viven llenos de ansiedad, porque en el fondo están tratando de definir algo tan importante como es la identidad personal a partir de opiniones, personas, cosas y sensaciones totalmente pasajeras.

Tu verdadera identidad se esconde en un lugar mucho más precioso y que no cambia nunca, porque ese lugar es en realidad una persona, y esa identidad es eterna.

Si de verdad te has decidido a seguir a Jesús, entonces ya no eres parte de este mundo empapado en pecado, y estos versículos son para ti:

"Estoy crucificado con Cristo, y ya no vivo yo, es Cristo quien vive en mí. Y esta vida que ahora tengo la vivo por mi fe en el Hijo de Dios, quien me amó y se entregó por mí".
(Gálatas 2:20)

"Por lo tanto, si alguien está unido a Cristo, es una nueva creación. ¡Lo viejo ha quedado atrás y lo nuevo ha llegado!"
(2 Corintios 5:17)

follow Jesus with all your heart, you will never "fit in" completely. But there is good news, and that is that the world's approval doesn't matter! You have a heavenly Father who loves you more than anyone else on this earth loves you. And His love for you never changes. It never fails. And it lasts forever.

It puts that whole issue of fads, fashions, competition, and doing whatever it takes to feel accepted into a new perspective, doesn't it?

First Peter 2:9 states:

"But you are not like that, for you are a chosen people. You are royal priests, a holy nation, God's very own possession. As a result, you can show others the goodness of God, for he called you out of the darkness into his wonderful light."

Once you become a new creation in Him, everything changes for the better. You have a new identity because you have been rescued and redeemed from sin and darkness, and you are now part of the family of the Kingdom of God.

When you embrace your new identity in Christ, you can stand firm and secure in Him (Hebrews 6:19). He is always with you, and you always have His seal of approval. You never need to strive for Him to love you more, and you never have to beg Him to stay. Why? Because all those things are part of His character. And His love is unwavering, precisely because love is His essence.

△

Ahora, aquí hay una pregunta difícil: ¿por qué nosotros, que hemos sido llamados por nuestro Padre Celestial a ser parte de su familia, nos esforzamos tanto por encajar y obtener la aprobación de un mundo del que ya no formamos parte? Lo cierto es que nunca obtendremos una aprobación total por parte del mundo porque aquí está la dura verdad: si has decidido seguir a Jesús con todo tu corazón, nunca vas a "encajar" completamente. Pero hay una buena noticia, y es que ¡la aprobación del mundo no importa! Tú tienes un Padre Celestial que te ama más que nadie en esta tierra. Y su amor por ti nunca cambia. Nunca falla. Y es eterno.

Esto pone todo ese tema de las modas y de la competencia y de hacer lo que sea por sentirse aceptados en una nueva perspectiva, ¿verdad?

1 Pedro 2:9 dice:

"Pero ustedes son una familia escogida, son sacerdotes reales y son una nación santa. Son un pueblo que Dios compró para que anuncien sus obras extraordinarias; él fue quien los llamó de las tinieblas a su luz maravillosa".

Una vez que te conviertes en una nueva creación en Él, todo cambia para mejor. Tienes una nueva identidad porque has sido rescatado y redimido del pecado y las tinieblas, y ahora eres parte de la familia del Reino de Dios.

Cuando abrazas tu nueva identidad en Cristo, puedes estar firme y seguro en Él (Hebreos 6:19). Él siempre está contigo, y siempre tienes su sello de aprobación. Nunca necesitas esforzarte para que Él te ame más, y nunca tienes que rogarle que se quede. ¿Por qué? Porque todas esas cosas son parte de su carácter. Y su amor es inquebrantable, precisamente porque el amor es su esencia.

ON THE OTHER SIDE OF YOUR STORY

You can change your story. In fact, you already are. You do it every day without being aware of it... but you can do it better if you do it intentionally!

Remember in the previous chapter we said that adults are also humans like you? Well, now we want to confess something to you. Many of us would pay millions of dollars to be able to go back to the time when we were your age so we could make better decisions than we did then.

📢 YOU CAN CHANGE YOUR STORY

If you look around you, you can see how most people live in imaginary cages that they made with their bad decisions in adolescence. And we are not talking here about things *that happened to them*, but about things that depended exclusively on their *decisions*. Many, because of pressure from friends, fear of failure, or laziness, did not develop some talent or did not take advantage of some opportunity they had. A very common example is the large number of adults who regret not having studied music or not having learned an instrument when their mother forced them to. There are others who preferred to use

DEL OTRO LADO DE TU HISTORIA

Tú puedes cambiar tu historia. De hecho, ya lo estás haciendo. Lo haces todos los días sin ser consciente de ello... ¡pero lo puedes hacer mejor si lo haces de manera intencional!

¿Recuerdas que en el capítulo anterior decíamos que los adultos son también homo sapiens como tú? Bueno, ahora queremos confesarte algo. Muchos de nosotros pagaríamos millones de criptomonedas por poder volver atrás hasta la época en la que teníamos tu edad para poder tomar mejores decisiones de las que tomamos en ese momento.

school just to sleep or to make friends instead of learning, and today they regret not knowing a language, or because they did not do as well in college as they would have liked, they haven't been able to get a job as good as the one they could have had.

The great news is that you're not an adult yet! That's great for several reasons. The first is that your brain has a superpower that scientists now call "neuroplasticity." Neuro what? Neuro (from brain) and plasticity (that it can still take different forms and is able to change). In perhaps simpler words: the cement of your brain is still very fresh, and you can mold it as you wish (and also seal it with your hand or write your name on it so that your signature is engraved on it).

This is why it is so important that you embrace your identity in Christ with all of your might! Knowing that you are someone who is loved with eternal love by the Creator of the universe, and that you don't have to do anything but trust in Him for your eternal inheritance and help here on earth is wonderful!

That's why you don't need to rebel against the good, nor do you need disguises or masks to feel that you are a valuable person.

Your task now is to prepare yourself to be the person God has called you to be.

WHAT YOU WERE TOLD THAT WAS WRONG

Among all the well-meaning lies you hear out there, one that is very common within the Church is that "the only thing God wants is for you to be someone who is good, follows the rules and has no addictions." That is a microscopic truth compared to what the Bible teaches! The truth is that we should be considered *dangerous* by the kingdom of darkness!

TÚ PUEDES CAMBIAR TU HISTORIA

Si miras a tu alrededor, podrás ver cómo la mayoría de las personas viven en jaulas imaginarias que fabricaron con sus malas decisiones en la adolescencia. Y no estamos hablando aquí de cosas que les sucedieron, sino de cosas que dependían exclusivamente de sus decisiones. Muchos, por presiones de los amigos, por temor al fracaso o por pereza, no desarrollaron algún talento o no aprovecharon alguna oportunidad que tuvieron. Un ejemplo muy común es la gran cantidad de adultos que se lamentan por no haber estudiado algo de música o no haber aprendido un instrumento cuando su mamá los forzaba. Hay otros que prefirieron usar la escuela solo para dormir o para hacer amigos en lugar de aprender, y hoy se lamentan por no saber algún idioma, o porque no les fue tan bien en la universidad como hubiesen querido, y eso, a su vez, influyó en que hoy no puedan tener un trabajo tan bueno como el que podrían haber tenido si...

La gran noticia es que ¡tú no eres adulto todavía! Eso es sensacional por varias razones. La primera es que tu cerebro tiene un superpoder al que los científicos hoy llaman "neuroplasticidad". ¿Neuro qué? Neuro (de cerebro) y plasticidad (de que todavía puede tomar distintas formas y es ágil para los cambios). En palabras quizás más simples: el cemento de tu cerebro todavía está muy fresco, y lo puedes moldear como quieras (y también sellarlo con tu mano o escribirle tu nombre para que quede tu firma grabada si lo deseas).

¡Por esta razón es tan importante que abraces con toda tu fuerza tu identidad en Cristo! Saber que eres alguien amado con amor eterno por el Creador del universo, que no tienes que hacer nada más que confiar en Él para contar con su herencia eterna y su ayuda aquí en la tierra, ¡todo eso es maravilloso!

That's right! The Christian life is not just about "behaving well." The Christian life is about trusting Jesus and getting into as much trouble as it takes to do His will, even if that sometimes includes breaking some rules. Rules like what? For example, the popularity rule. Many of your friends (if not all of them) will at some point tell you that you have to do whatever is most popular, or whatever will make you most popular. And listening to them can be a huge mistake! Another rule we must break is the rule of always thinking "with ourselves first." Or, translated into modern English, the rule of selfishness, which is the opposite of the love and generosity that God commands us to practice. Do you see why these rules must be broken?

GOD WANTS YOU TO MAKE A POSITIVE DIFFERENCE IN YOUR FAMILY, IN YOUR SCHOOL, AND IN YOUR FUTURE

God wants you to make a positive difference in your family, in your school, and in your future. Now, by knowing these truths, you are on the other side of your story. Up to this point, other people could decide for you. But from this moment on, you will decide.

When it comes to obeying your parents, let it be by choice and not out of fear of getting in trouble. Let it be because you want to do what is right, and not just what is most convenient.

Find a time to think about God every day and let this also be a time to reflect on your daily decisions, thinking about the future you are building with those decisions.

This doesn't mean that you suddenly start feeling and acting like an adult, because you'll likely have several decades for that later. For now, you should have fun, have a good time, make as

Por eso tú no necesitas rebelarte contra lo bueno, ni necesitas disfraces o máscaras para sentir que eres una persona valiosa.

Tu tarea ahora es prepararte para ser la persona que Dios te llamó a ser.

LO QUE TE DIJERON MAL

De entre todas las mentiras con buenas intenciones que se escuchan por ahí, hay una que es muy común dentro de las iglesias, y es que "lo único que Dios quiere es que seas alguien bueno, que cumplas las reglas y que no tengas adicciones...". ¡Esa es una verdad microscópica comparada con lo que la Biblia enseña! ¡Lo cierto es que tendríamos que llegar a ser considerados peligrosos por el reino de las tinieblas!

¡Así es! La vida cristiana no se reduce a "portarnos bien". La vida cristiana tiene que ver con confiar en Jesús y meternos en todos los problemas que sean necesarios por hacer su voluntad, aunque eso a veces incluya romper algunas reglas. ¿Reglas

DIOS QUIERE QUE HAGAS UNA DIFERENCIA POSITIVA EN TU FAMILIA, EN TU ESCUELA Y EN TU FUTURO

como cuáles? Por ejemplo, la de la popularidad. Muchos de tus amigos (por no decirte todos) en algún momento van a decirte que tienes que hacer lo que sea más popular, o lo que te haga más popular. ¡Y hacerles caso puede ser una enorme tontería! Otra regla que debemos romper es la regla de pensar siempre "con el yo adelante". O, traducido al español contemporáneo, la regla del egoísmo, que es el opuesto del amor y la generosidad

many friends as you can ...*and make the best decisions*. To do this, it is important to hold tightly to the statements God makes about you in the identity of Jesus.

Do you remember the words heard at Jesus' baptism?

"And a voice from heaven said, 'This is my dearly loved Son, who brings me great joy.'" (Matthew 3:17)

Make these words yours. From now on, look at them as a reference to you. You are a beloved son or daughter of God, who delights in you.

That is your present and that is your future.

You are not the clothes you wear or the brand of shoes on your feet. You are not your grades in the class you struggle with the most, nor the speed at which you run.

You are not a made-up social media profile or what other people remember about you because of some past mistake.

You are a man or woman from birth, and you were created with certain gifts and talents and with a series of characteristics that make you able to transform the world in a unique way.

You are you, and God made you precisely to be the person you are.

It's all part of the perfect plan of a perfect God who wants you to reach your best destiny.

que Dios nos manda a practicar. ¿Ves por qué estas reglas deben romperse?

Dios quiere que hagas una diferencia positiva en tu familia, en tu escuela y en tu futuro. Ahora, por saber estas verdades, estás del otro lado de tu historia. Hasta este momento otras personas podían decidir por ti. Pero a partir de este momento, tú vas a decidir.

Incluso si lo que te toca es obedecer a tus padres, que sea ahora por decisión y no por temor al regaño o el castigo. Que sea porque quieres hacer lo que es correcto, y no solo lo más conveniente.

Busca un tiempo para pensar en Dios todos los días, y que este sea también un tiempo de reflexión acerca de tus decisiones de hoy, a la luz del futuro que estás construyendo con ellas.

Esto no quiere decir que de repente comiences a sentirte y a actuar como un adulto, porque ya tendrás varias décadas para eso más adelante. Por ahora tienes que divertirte, pasarla bien, hacer todos los amigos que puedas... y tomar las mejores decisiones. Para ello es importante aferrarte bien fuerte a las declaraciones que Dios hace respecto de ti en la identidad de Jesús.

¿Recuerdas las palabras que se escucharon en el bautismo de Jesús?

"y una voz de los cielos dijo: «Este es mi Hijo amado, y en él me complazco»". (Mateo 3:17)

Hazlas tuyas. De ahora en más, míralas como una referencia a ti. Eres un hijo o una hija amada por Dios, quien se complace en ti.

Ese es tu presente y ese es tu futuro.

SPY ON YOUR FUTURE
WITH THE LENS OF FAITH

There are some very special glasses that we should all wear: they are the glasses of faith. They allow you to see the bright future that God has planned. But for these lenses to be clean and allow you to see as far as possible, it is necessary to take care of them with daily times of devotion.

As we said before, it would be good for you to start spending some time each day thinking about God, your future, and your decisions. Decide to do this consistently, even if it is difficult at first, and you will see how you will enjoy it more and more.

God places a new heart in each one of us who has been born again. And from these new hearts springs love for the Lord. We desire to be closer and closer to Him. Now look at what this verse promises:

"Come close to God, and God will come close to you." (James 4:8)

As we draw closer to the Lord, He draws closer to us. Do you feel far from God? Or a little disconnected? Draw closer to God, and He will draw closer to you!

Before saying goodbye, we would like to end by quoting some paragraphs from the book *Different*, by our friend Lucas Leys, which read as follows:

"Some people end up where they want to end up, and even beyond. Others, the majority, end up where life takes them. Or at least they think they do....

Some understand that life is a journey and that, like every journey, it has a destination. Others, the majority, believe that life is a succession of accidents.

The former have vision, the latter do not.

Tú no eres la ropa que vistes ni la marca del calzado que hay en tus pies. No eres tus notas de la clase que más te cuesta, ni la velocidad con la que corres.

Tú no eres un perfil inventado para las redes sociales, ni lo que otras personas recuerdan de ti por algún error del pasado.

Tú eres hombre o mujer desde que naciste, y fuiste creado con determinados dones y talentos, y con una serie de características que te hacen especial para transformar el mundo de una manera única.

Tú eres tú, y Dios te hizo precisamente para que fueras esa persona que eres.

Todo es parte del plan perfecto de un Dios perfecto que quiere que llegues a tu mejor destino.

ESPÍA TU FUTURO CON LOS LENTES DE LA FE

Hay unos lentes muy especiales, que todos deberíamos usar: son los lentes de la fe. Ellos te permiten ver el futuro brillante que Dios tiene planeado. Pero para que estos lentes estén bien limpios y te permitan ver lo más lejos posible, es necesario cuidarlos con tiempos diarios de reflexión.

Como dijimos antes, sería bueno que comiences a pasar un tiempo cada día pensando en Dios, en tu futuro y en tus decisiones. Decídete a hacer esto con constancia, aunque al principio te cueste, y verás cómo cada vez lo disfrutarás más.

En cada uno de los que hemos nacido de nuevo, Dios pone un corazón nuevo. Y de estos corazones nuevos brota el amor por el Señor. Vamos deseando estar cada vez más cerca de Él. Ahora mira lo que promete este versículo:

The former are artists, the latter are not.

The former are saints, the latter are not.

People with vision are intentional. They understand their responsibilities. In contrast, people without vision are reactionary. They respond mostly to external stimuli.

They blame their partners, their exes, their employees, their employers, their parents, and the government" (Authors' note: or, in the case of adolescents, their schoolmates and teachers, in addition to their parents) *"for all the bad things that happen to them, and they are grateful when 'by accident' or 'by chance' someone chooses to do them good.*

Nelson Mandela stated that, while he was unjustly imprisoned for opposing the Apartheid law (a law by which "Afrikaans," the Black people of his country, could not be in the same places or access the same services as white people), he "had no specific belief as to what was going to happen, only that our cause was just and that we would prevail." Mandela had a vision. Despite being imprisoned, despite the fact that with his eyes he could only see the gray walls of his cell, he envisioned the colorful destiny of a future without Apartheid. If you know the story of this South African leader, you already know that this vision allowed him to survive 30 years in prison and to become recognized worldwide as one of the most outstanding heroes of the last decades."

Remember this: whatever your vocation, your work, or your passion, God created you to be an artist. To do whatever you do with beauty.

Try to regain the confidence you had as a child. That confidence with which you gave your drawings to the teacher to paste them somewhere visible in the classroom so that everyone could see them.

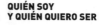
△

"Acérquense a Dios, y él se acercará a ustedes..."
(Santiago 4:8)

A medida que nos acercamos al Señor, Él se acerca a nosotros. ¿Te sientes lejos de Dios? ¿O un poco desconectado? ¡Acércate a Dios, y Él se acercará a ti!

Antes de despedirnos, queremos terminar citando unos párrafos del libro "Diferente", de nuestro amigo Lucas Leys, que dicen así:

"Algunas personas terminan donde quieren llegar, e incluso más allá. Otras, la mayoría, terminan donde la vida los lleva. O al menos así lo creen...

Unos entienden que la vida es un viaje y que, como todo viaje, tiene un destino. Otros, la mayoría, creen que la vida es una sucesión de accidentes.

Los primeros tienen visión, los segundos no.

Los primeros son artistas, los segundos no.

Los primeros son santos, los segundos no.

Las personas con visión son intencionales. Entienden sus responsabilidades. En cambio, las personas sin visión son reaccionarias. Responden mayormente a estímulos externos."

"Culpan a sus parejas, a sus ex, a sus empleados," (Nota de los autores: en el caso de los adolescentes, culpan a sus compañeros de escuela y a sus profesores, además de a sus padres), *"a sus empleadores, a sus padres y al gobierno de todas las cosas malas que les suceden, y agradecen cuando «por accidente» o «por casualidad» alguien escoge hacerles un bien."*

"Nelson Mandela afirmó que, mientras estaba injustamente preso por oponerse a la ley del apartheid (ley por la cual los «afrikaans», la gente de color de su país, no podía estar en

Practice faith and dream hard! Imagine a wonderful future for your life, also understanding that in every human interaction is the possibility of positively influencing others, and that if you create new possibilities for other people, you will be setting in motion your own adventure.

Have you asked God to reveal His dreams for you? Do it now as you finish reading this book.

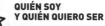

los mismos lugares ni acceder a los mismos servicios que la gente blanca), él «no tenía una creencia específica de lo que iba a suceder, solo que nuestra causa era justa y que iba a prevalecer». *Mandela tenía una visión. A pesar de estar preso, a pesar de que con sus ojos solo podía ver las grises paredes de su celda, él imaginaba el colorido destino de un futuro sin apartheid. Si conoces la historia de este líder sudafricano, ya sabrás que esa visión le permitió sobrevivir treinta años en la cárcel y llegar a ser mundialmente reconocido como uno de los héroes más destacados de las últimas décadas".*

Recuerda esto: cualquiera que vaya a ser tu vocación, tu trabajo o tu pasión, Dios te creó para que seas un artista. Para que hagas lo que sea que hagas con belleza.

Busca volver a sentir esa seguridad que tenías en la niñez. Esa confianza con la que le dabas tus dibujos a la maestra para que los pegara en alguna parte visible del salón de modo que todos los vieran.

¡Practica la fe y sueña con ganas! Imagina un futuro maravilloso para tu vida, entendiendo también que en cada interacción humana está la posibilidad de influir positivamente en otros y que, si creas nuevas posibilidades para otras personas, estarás poniendo en marcha tu propia aventura.

¿Le has pedido a Dios que te revele sus sueños para ti? Hazlo ahora al terminar de leer este libro.

ALGUNAS PREGUNTAS QUE DEBES RESPONDER:

¿QUIÉN ESTÁ DETRÁS DE ESTE LIBRO?

Es un equipo de pastores y siervos de distintos países, distintas denominaciones, distintos tamaños y estilos de iglesia que amamos a Cristo y a las nuevas generaciones.

e625.com

¿DE QUÉ SE TRATA E625.COM?

Nuestra pasión es ayudar a las familias y a las iglesias en Iberoamérica a encontrar buenos materiales y recursos para el discipulado de las nuevas generaciones y por eso nuestra página web sirve a padres, pastores, maestros y líderes en general los 365 días del año a través de con recursos gratis.

zona de contenido
PREMIUM

¿QUÉ ES EL SERVICIO PREMIUM?

Además de reflexiones y materiales cortos gratis, tenemos un servicio de lecciones, series, investigaciones, libros online y recursos audiovisuales para facilitar tu tarea. Tu iglesia puede acceder con una suscripción mensual a este servicio por congregación que les permite a todos los líderes de una iglesia local descargar materiales para compartir en equipo y hacer las copias necesarias que encuentren pertinentes para las distintas actividades de la congregación o sus familias.

¿PUEDO EQUIPARME CON USTEDES?

Sería un privilegio ayudarte y con ese objetivo existen nuestros eventos y nuestras posibilidades de educación formal. Visita para enterarte de nuestros seminarios y convocatorias e ingresa a para conocer los cursos online que ofrece el Instituto E 6.25

¿QUIERES ACTUALIZACIÓN CONTINUA?

Regístrate ya mismo a los updates de según sea tu arena de trabajo: Niños- Preadolescentes- Adolescentes- Jóvenes.

¡APRENDAMOS JUNTOS!

DESCUBRE EL NUEVO SITIO DEL INSTITUTO E625

Y lleva tu ministerio al siguiente nivel.

www.InstitutoE625.com

<< Escanéa el código para ver más

Sigue en todas tus redes a:

f **y** **o** **▶** **/e625COM**

SÉ PARTE DE LA MAYOR COMUNIDAD DE EDUCADORES CRISTIANOS